KERBER ART

ROGER BALLEN

HANS LEMMEN

UNLEASHED

KERBER

Introduction

In hunting, the word *unleashed* is used for the moment when the dogs, until then kept in check by paired leashes, are let loose on the prey. *Unleashing* gives full rein to their primal drive to pursuit.

Artists Roger Ballen and Hans Lemmen have chosen the word *Unleashed* to designate a shared artistic experiment. They have decided to collaborate on a series of works exploring our relationship to the world.

Such forms of collaboration have a celebrated history. They were once particularly prevalent with painters, the master painter directing his apprentices to execute certain parts of the painting, while he remained in charge of the overall composition. But sometimes works have emerged from the hand of two master painters working in tandem, with neither of them subordinate to the other. The Musée de la Chasse et de la Nature holds two paintings from a series combining mythological figures and wooded landscapes that Peter Paul Rubens and Jan Brueghel the Elder worked on together, juxtaposing motifs drawn from their respective repertoires on the same canvas, in a sort of stylistic collage. The surrealists would place new stakes in this kind of collaboration. With their *cadavres exquis* they made chance assemblies of scraps of text written by the group's members without either one knowing what the others had written. From the strange friction created by these incoherent encounters a new meaning, unbridled by either logic or reason, was produced, a Surrealism opening onto the dark vistas of the unconscious.

It has been with this approach behind them that Roger Ballen and Hans Lemmen have lent themselves to a brilliant exercise in artistic *assembly*. While one of them lives in the Netherlands and the other in South Africa, each accepted the constraint of having to insert fragments from the other's creation into his own. Even beyond the level of artistic play and the formal resonances that emerge in the process, this stimulating constraint reveals a deep affinity between their respective artistic universes. This sort of approach fits within a tradition of collaboration between the Bonnefantenmuseum and artists, a tradition of showing not only the work of the artist, but also the artistry in life itself, thus creating a more complete picture of artistic practice.

The exhibition *Unleashed*, which will be presented at the Musée de la Chasse et de la Nature (Paris) in 2017, and at the Bonnefantenmuseum (Maastricht) in 2018, has been curated by Jan-Philipp Fruehsorge, who developed a concept that reveals the two artists' creative process. The artists themselves, represented by two life-size seated figures with animal eyes, welcome the visitors in the first room of the exhibition through an installation they have made in collaboration. They are sitting with a pet on their laps, inside a contemporary cave painting: a drawing spread over the four walls and the floor. The second part of the exhibition is made up of solo works, followed

by the graphic works where Ballen and Lemmen have included components
borrowed from each other. At the end of the show, a video realized by
filmmaker Saskia Vredeveld documents the production of these highly unusual
works, demonstrating that all art feeds on constraints like the one defined here.

We would like to thank the artists Hans Lemmen and Roger Ballen for their
dedication and their courage to meet this exceptional artistic confrontation,
and Jan-Philipp Fruehsorge for his commitment to the exhibition and the
accompanying publication. Last but not least, we extend our thanks to the
Mondriaan Fund for the generous financial support.

The experience of rousing chaos, to which Hans Lemmen and Roger Ballen
have given themselves over, contributes to their shared desire to exorcise
the world. Does not each of them, in his own way, continue to contest the
materialist thinking that isolates humanity and ultimately threatens its survival?

Claude d'Anthenaise   Stijn Huijts
Director Musée de la Chasse et de la Nature   *Director Bonnefantenmuseum*

Dans le domaine de la chasse, le terme *unleashed* – déchaîné, débridé –
s'emploie pour désigner le moment où les chiens de meute, qu'on avait liés
deux à deux au niveau du collier afin de les maintenir tranquilles, sont lâchés à
la poursuite du gibier. Le découplage laisse libre cours à leur élan pulsionnel.

« Unleashed » est le titre retenu par les deux artistes plasticiens Roger Ballen
et Hans Lemmen pour désigner leur expérience artistique commune. Ils
ont décidé de s'associer pour créer, à quatre mains, des œuvres explorant la
question de notre rapport au monde.

Cette pratique de la collaboration a des antécédents célèbres. Dans la peinture
ancienne, notamment, les maîtres s'entouraient d'élèves ou d'assistants à qui,
se réservant la direction artistique, ils confiaient telle ou telle partie du tableau.
Mais il est arrivé que des œuvres résultent de deux personnalités travaillant de
concert, sans que leur collaboration soit fondée sur un lien de subordination.
C'est ainsi que Pierre-Paul Rubens et Jan Brueghel l'Ancien s'associèrent
pour créer une série de tableaux alliant figures mythologiques et paysages
arborés comme ceux que conserve le Musée de la Chasse et de la Nature.
Ils juxtaposent sur le même panneau, en une sorte de collage stylistique, des
motifs empruntés à leur répertoire personnel. Les surréalistes conféreront
un nouvel enjeu à ces créations collaboratives. Leurs exercices de cadavres
exquis assemblent de manière aléatoire des bribes de texte rédigées par les
membres du groupe dans l'ignorance du contexte qui doit les accueillir. De ces
frottements insolites, de ces incohérences, naît un sens nouveau qui n'est pas
bridé par la logique ou la raison, une « surréalité » ouverte sur le panorama
ténébreux de l'inconscient.

C'est dans cette perspective que Roger Ballen et Hans Lemmen se sont livrés
à un brillant exercice de couplage artistique. Bien que travaillant à distance,
l'un demeurant aux Pays-Bas, tandis que l'autre réside en Afrique du Sud, tous
deux se sont pliés à la contrainte d'avoir à insérer dans leur propre création
des fragments empruntés à celle de leur partenaire. Stimulante astreinte qui,
par-delà le jeu plastique et l'émergence de résonances formelles, révèle une
profonde affinité entre leurs deux univers artistiques. Ce type d'approche
est en adéquation avec la volonté renouvelée du Bonnefantenmuseum
de collaborer avec les artistes, ayant toujours eu à cœur de présenter non
seulement le travail d'un artiste, mais aussi ce qu'il peut y avoir d'artistique
dans la vie elle-même, afin de proposer un tableau plus complet de ce que peut
être une pratique artistique.

Placée sous le commissariat de Jan-Philipp Fruehsorge, qui a développé
un concept révélateur du processus artistique commun aux deux artistes,
l'exposition *Unleashed* sera présentée successivement au Musée de la Chasse
et de la Nature (Paris) en 2017, puis au Bonnefantenmuseum (Maastricht) en

2018. Les artistes eux-mêmes, représentés par deux figures assises grandeur nature aux yeux d'animaux, accueillent les visiteurs à travers une installation réalisée à quatre mains. Ils sont assis dans la première salle, accompagnés de leurs animaux de compagnie et entourés par une peinture pariétale contemporaine : un dessin qui court à même les quatre murs et le plancher de la salle. La deuxième partie de l'exposition, consacrée à des travaux personnels et individuels, précède les œuvres graphiques inédites nées de la collaboration entre Ballen et Lemmen, sur le principe de l'inclusion et de l'emprunt réciproques. Pour conclure l'exposition, une vidéo réalisée par Saskia Vredeveld documente la production de ces travaux très étrangers à leurs pratiques respectives, démontrant à quel point l'art se nourrit de contraintes telles que celle qui a ici été définie.

Nous souhaitons remercier les artistes Hans Lemmen et Roger Ballen d'avoir su montrer la détermination et le courage nécessaires pour répondre à cette confrontation artistique exceptionnelle ; et Jan-Philipp Fruehsorge pour son engagement dans la construction de l'exposition et de son catalogue. Enfin et surtout, nous remercions vivement le Mondriaan Fonds pour son généreux soutien financier.

En suscitant le chaos, l'expérience à laquelle se sont livrés Hans Lemmen et Roger Ballen contribue à leur commune volonté d'exorciser le monde. Chacun d'eux ne poursuit-il pas à sa manière une contestation de la pensée matérialiste qui isole l'homme et, à terme, menace sa survie ?

Claude d'Anthenaise
Directeur Musée de la Chasse et de la Nature

Stijn Huijts
Directeur Bonnefantenmuseum

Images let loose – From the caves of the mind to the studio walls. Roger Ballen and Hans Lemmen's collaborative practice.

Images lâchées – Des grottes de L'esprit aux murs de l'atelier. La pratique collaborative de Roger Ballen et Hans Lemmen.

Essay by / Essai par Jan-Philipp Fruehsorge

When the artists Hans Lemmen and Roger Ballen met up for the first time around six years ago to wander around the flea markets of Flanders in search of suitable props for Ballen, they didn't know that this encounter would lead to a joint exhibition at some point. They had become acquainted shortly beforehand at Ballen's opening in the Het Domein museum in Sittard, the Netherlands. Despite obvious differences – one an internationally visible American photographer resident in Johannesburg, the other a Dutch draughtsman and sculptor living more or less in seclusion in the Belgian provinces – it became apparent that they had related artistic interests, and quickly found a common language. From their conversations and explorations of the flea markets, a collegial friendship developed over the years and geographical distance – and gradually the idea for a joint exhibition.

Artistic collaboration always involves a risk. Two usually wilful individuals have to leave their familiar cocoon of creation and production, their often idiosyncratic universe in which they are their own centre of gravity, and become involved in mutual respect and trust with a different world and its rules and idioms. At a time when nothing seems as important as a strategically and cleverly organised personal brand management of one's own artistic position within the global art scene, this represents a tremendous challenge and means a radical questioning of inbuilt systemic conventions around authorship and other unique features, such as the distinctiveness of themes and styles.

Of course there are the other examples – those in which cooperation over the years leads to a quasi symbiotic merging of the two parties into a joint artistic person consisting of two bodies whose individual handwriting can only rarely be distinguished, if at all. Although uncommon, this form of collaboration refutes the myth of the isolated creative genius. Gilbert and George, Fischli and Weiss, Bernd and Hilla Becher, Eva and Adele, Elmgren and Dragset, and the Chapman Brothers are all successful examples of productive partnerships which go over into the everyday as life partnerships or love relationships, whereas Ballen and Lemmen represent a different kind of collaboration.[1]

Even after the decision to translate the idea of a collaboration, once expressed, into action, the preconditions for Ballen and Lemmen were certainly a challenge, and the shape of this project was initially very vague. The formulation of its concrete realisation took place in stages, and a decisive impulse came from Brett Littman, director of the New York Drawing Center, who pointed out the possibility – even the necessity – of actual joint work. Under Littman's directorship, a programme consistently developed by his predecessors had been continued with much success and attention in recent years: the investigation and presentation of a widened understanding of drawing; seeing the medium in the context of the production of images and knowledge; taking creative processes into account that can't be subsumed

1 *Künstlerpaare: Liebe, Kunst und Leidenschaft*, Wallraff Richartz Museum, 2008.

La première rencontre de Roger Ballen et Hans Lemmen remonte à six ans
environ. Partis flâner sur les marchés aux puces de Flandres à la recherche
d'accessoires adéquats pour les travaux de Ballen, les deux artistes étaient
loin d'imaginer alors qu'ils exposeraient ensemble un jour. Ils avaient fait
connaissance peu de temps auparavant lors d'un vernissage de Ballen au
Musée *Het Domein* de Sittard, aux Pays-Bas. En dépit de tout ce qui les
différenciait – l'un, citoyen américain et photographe exposant dans le monde
entier et vivant à Johannesburg, l'autre, dessinateur et sculpteur néerlandais,
installé dans une province belge où il vit retiré –, ils se découvrirent assez
rapidement un langage et des intérêts artistiques communs. La relation
amicale et collégiale née de ces entretiens et de ces balades sur les marchés aux
puces s'affirma au fil des ans et des distances géographiques, et l'idée d'une
exposition commune prit forme peu à peu.

Une collaboration artistique comporte toujours un risque. Elle oblige deux
personnalités d'artistes, généralement très individualistes, à s'aventurer hors du
confort de leurs procédés de création et de production familiers, de l'univers
idiosyncratique dont ils sont le centre de gravitation singulier, pour aborder
un autre univers avec ses idiomes et ses règles, dans le respect et la confiance
mutuels. À une époque où rien ne semble plus important qu'une organisation
et une stratégie intelligentes du *personal brand management* de sa propre position
d'artiste dans la mouvance artistique globale, ceci constitue un immense défi
et une remise en question radicale des conventions centrales immanentes
au système, concernant l'auteurité et d'autres caractéristiques d'exclusivité,
comme la non-interchangeabilité des thèmes et des styles.

Il existe naturellement bien d'autres exemples pour lesquels une
coopération durable a conduit à une fusion quasi-symbiotique de chacune
des parties en une 'persona' artistique faite de deux corps, dont la signature
individuelle n'est que rarement, sinon jamais discernable : cette forme de
collaboration, si rare soit-elle, contredit effectivement le mythe de l'isolation
du génie créateur. Gilbert et George, Fischli et Weiss, Bernd et Hilla Becher,
Eva et Adele, Elmgren et Dragset, les frères Chapman, pour n'en citer que
quelques-uns, sont autant d'exemples célèbres d'une production commune,
qui se prolonge même, pour certains, dans une vie et un amour partagés au
quotidien.[1]

Une fois prise la décision de concrétiser un jour ce souhait, les conditions de
cette coopération et sa réalisation formelle, très vague au début, restaient un
défi pour Ballen et Lemmen. En formuler la concrétisation se fit par étapes,
et sous l'impulsion décisive de Brett Littman, le directeur du New Yorker
Drawing Center, qui reconnut la possibilité, sinon la néccssité, de ces œuvres
communes. Littman a poursuivi ces dernières années dans ce centre un
programme très remarqué et couronné de succès, initié par ses prédécesseurs :
l'étude et la présentation d'une approche élargie de l'art graphique. Voir le

under the classical concept of art; understanding drawing as a meta-medium. In this sense it seemed only logical to recommend the photographer Ballen and the draughtsman Lemmen to combine their two media and develop working processes that could enable this mélange and lead to a fruitful result.

Lemmen describes the first steps as arduous indeed. It was, he says, like learning a musical instrument, and success was at first entirely unpredictable. Both artists saw this form of work as an experiment, whose processual character was essential to the way in which they understood their collaboration. They sent each other material, each giving the other full artistic freedom to operate with it.

For Lemmen this form of collaboration was new; Ballen had already had a related experience in a project with the New York-based Danish artist Asger Carlsen.[2] Here too – with a phase of planning and preparation – a joint work was created over a period of several years and the geographical distance between New York and Johannesburg. The photographer Carlsen, in contrast to Lemmen, was deeply familiar with the various possibilities of digital image processing and dealt with the material accordingly, and the resulting works went through a consistently digital transformation process.

Ballen's collaboration with the South African band Die Andwoord can also be seen as an attempt to open up his own artistic cosmos, adding elements that illuminate new aspects of it. Conversely, through taking on Ballen's aesthetic of the grotesque and absurd, the two musicians from Cape Town put themselves into a visual framework that underlined and even enhanced their hard and aggressive compositions. The music clip *I Fink U Freaky* contains all the formal elements, props, and atmospheric attributes that characterise Ballen's disturbing image world, only that it now includes movement, dance, and music, so that the precise staging of a moment gives way to new forms of narration in the rapid montage.

Ballen, born in New York in 1950, studied psychology and geology before moving in the early 1980s to Johannesburg, where he has since lived and worked. Photography played a role in his life from early on, as his mother was an editor at the legendary agency Magnum. In South Africa he created the series and picture books that would make him widely known: initially more documentary observations of the white underclass and the peripheries of South African society under apartheid in *Dorps*, *Platteland*, and *Outland*; later increasingly images of a staged reality that continued to probe his key question: Can absurd human existence, the wounded and confused human spirit, be grasped and translated in any way by means of art and visual portrayal?

Hans Lemmen was born in 1959 in Venlo in the Netherlands, and he studied at the Academy of Applied Art in Maastricht. His media are sculpture

2 *No Joke*, Galerie Dittrich & Schlechtriem, Berlin, 2016.

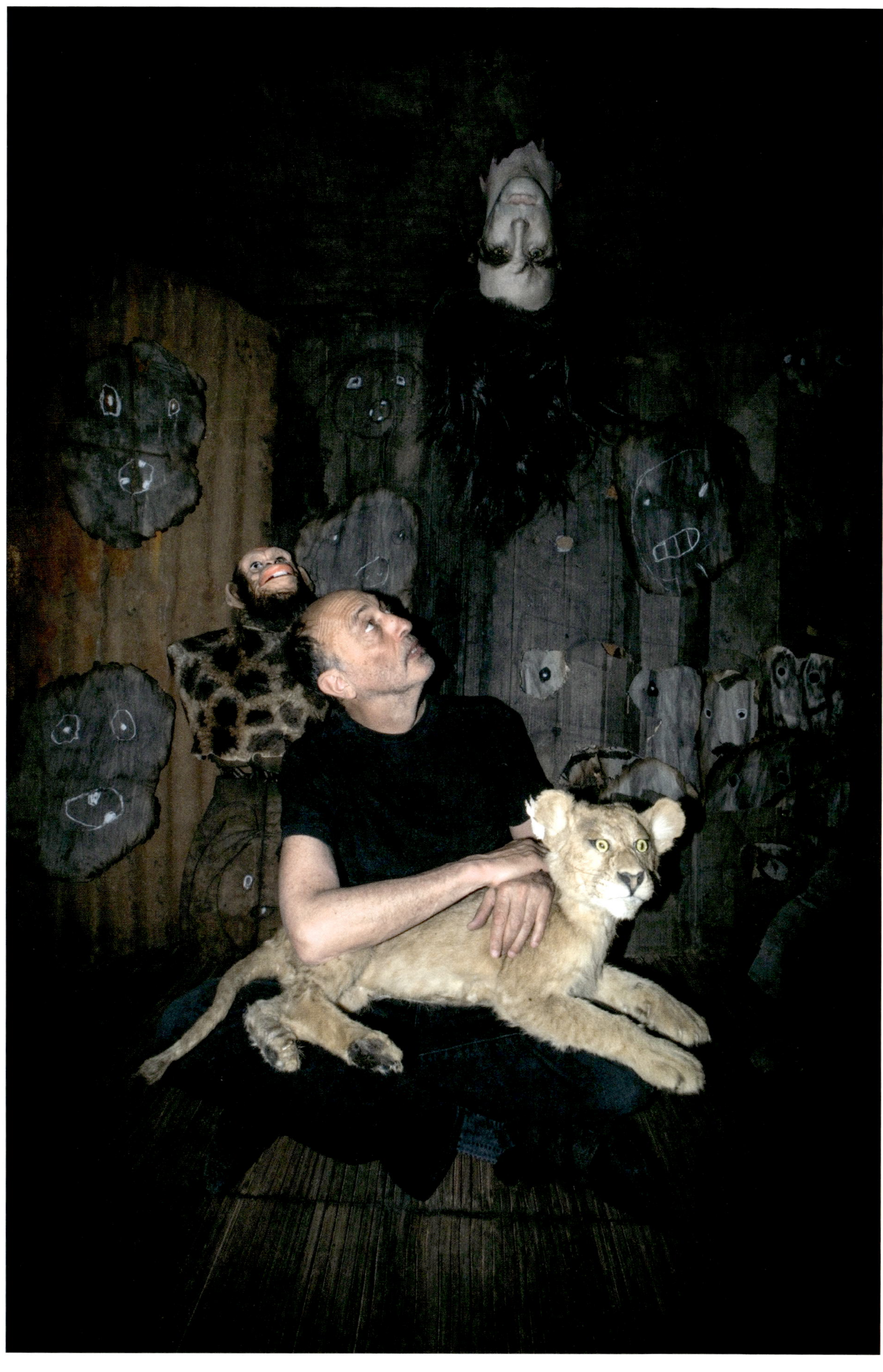

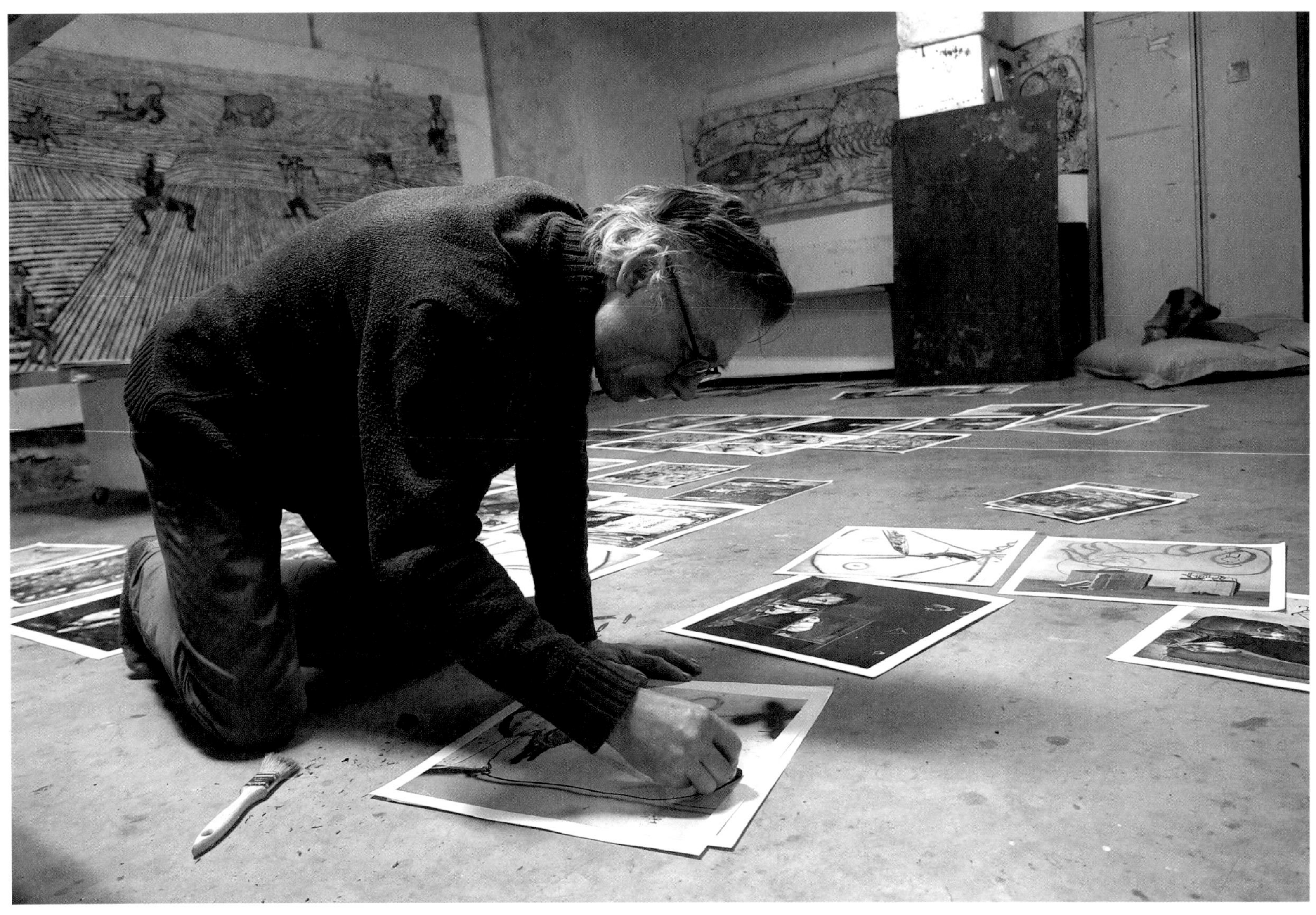

Hans Lemmen, 2016

médium dans le contexte de production pictural et cognitif, et tenir compte
en même temps de processus créatifs qui ne sauraient être subsumés sous
une notion classique de l'art. Appréhender l'art graphique comme un
méta-médium. Il apparut dès lors comme une évidence de recommander
au photographe Ballen et au dessinateur Lemmen d'allier les deux media
et de concevoir des processus de travail qui permettraient ce mélange et
conduiraient à un résultat fécond.

Les premiers pas ne furent pas simples pour Lemmen. Il a décrit ce
processus comme l'apprentissage d'un instrument, sans l'assurance de la
moindre perspective de succès au début. Les deux artistes ont vu dans cette
forme de travail une expérimentation dont le processus évolutif était tout
à fait essentiel pour comprendre mutuellement l'art et la manière de leur
collaboration. On envoyait le matériau à l'autre à qui on laissait toute marge
de liberté artistique pour opérer.

Pour Lemmen, cette forme de collaboration était une nouveauté, alors
que Ballen avait déjà pu faire des expériences comparables dans un projet avec
l'artiste danois Asger Carlsen, établi à New York.[2] Ici aussi, l'œuvre commune
– avec sa planification et sa phase préparatoire – fut réalisée sur une période
de plusieurs années, par delà les distances entre New York et Johannesburg.
À la différence de Lemmen, le photographe Carlsen, très familiarisé avec les
diverses possibilités de traitement numérique des images, aborda le matériau
en conséquence et créa des œuvres qui, toutes sans exception, avaient fait
l'objet d'un processus de transformation numérique.

La collaboration de Ballen avec le groupe de musique sud-africain *Die
Andwoord* peut aussi être considérée comme une autre tentative d'élargir son
propre univers artistique et d'y ajouter des éléments susceptibles d'apporter
un éclairage sur des aspects nouveaux de l'œuvre. À l'inverse, en utilisant
l'esthétique du grotesque et de l'absurde propre à Ballen, les deux musiciens de
Kapstadt ont créé un cadre visuel qui souligne et renforce même le caractère
dur et agressif de leurs compositions. Le clip musical *I Fink U Freaky*, produit
en 2012, inclut tous les éléments formels, les accessoires et attributs qui font
l'atmosphère des univers picturaux bouleversants de Ballen, auxquels viennent
s'ajouter le mouvement, la danse et la musique pour créer, par la mise en scène
précise d'un instant, des formes narratives nouvelles dans la succession des
coupes rapides du montage.

Né en 1950 à New York, Ballen, a d'abord fait des études de psychologie et
de géologie avant de s'installer, au début des années 1980, à Johannesburg
où il vit et travaille depuis. La photographie a très tôt joué un rôle dans sa
vie, puisque sa mère était rédactrice de la légendaire agence Magnum. C'est
en Afrique du Sud qu'ont pris forme les séries et les livres illustrés qui l'ont
rendu célèbre, en premier lieu des clichés documentaires sur les milieux
blancs défavorisés et les marginaux de la société sud-africaine à l'époque de

2 *No Joke*, Galerie Dittrich &
Schlechtriem, Berlin, 2016

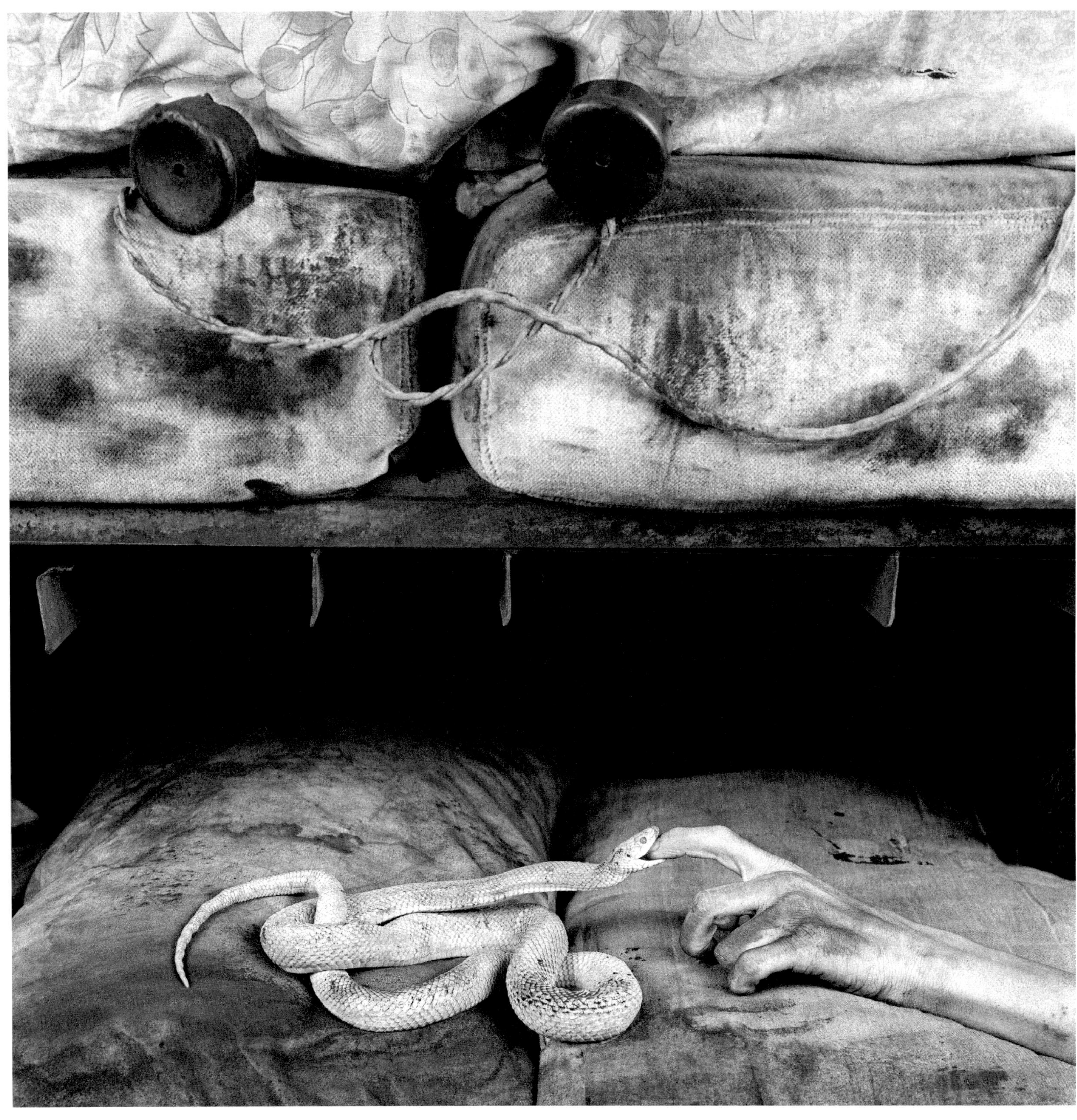

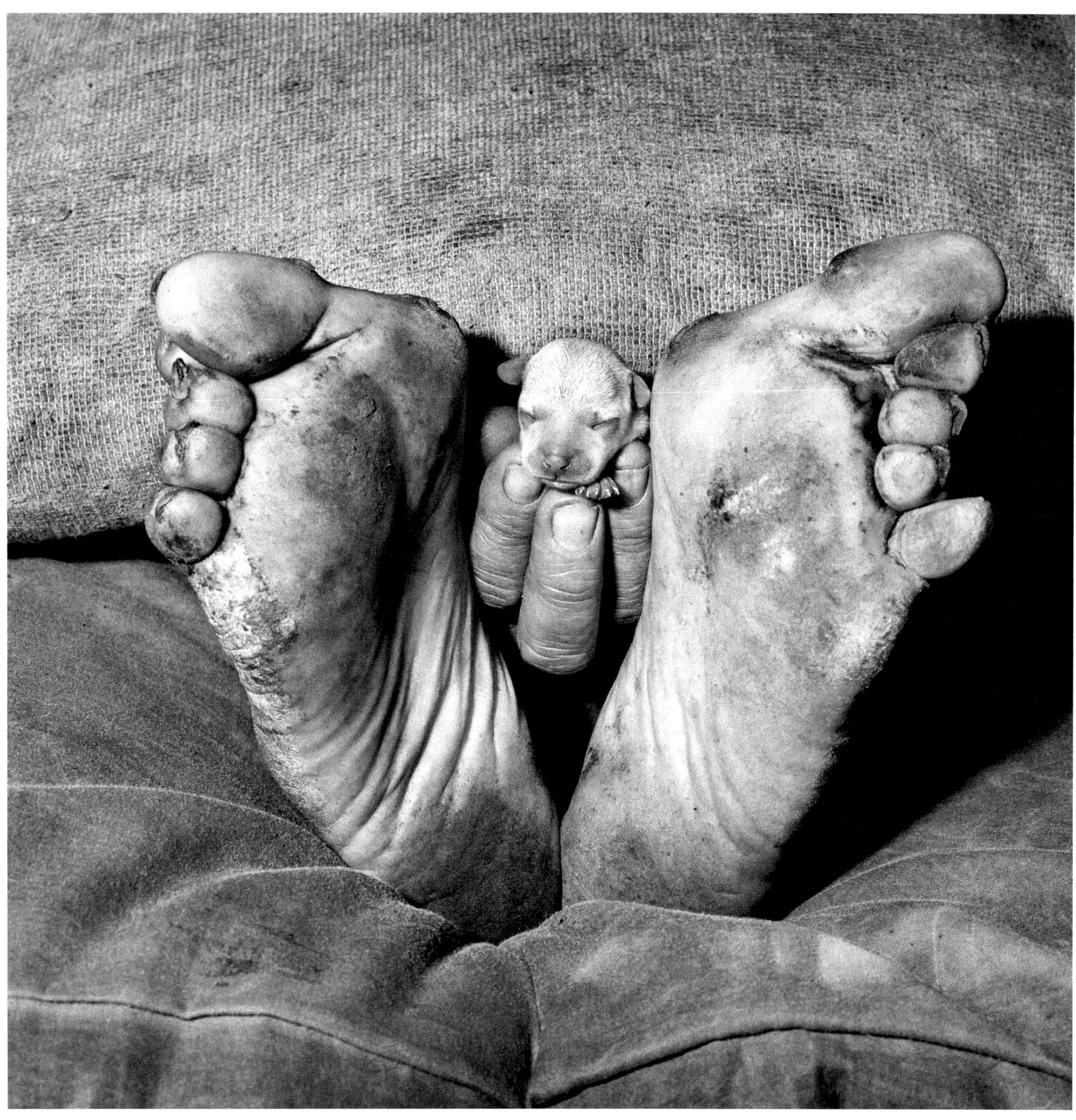

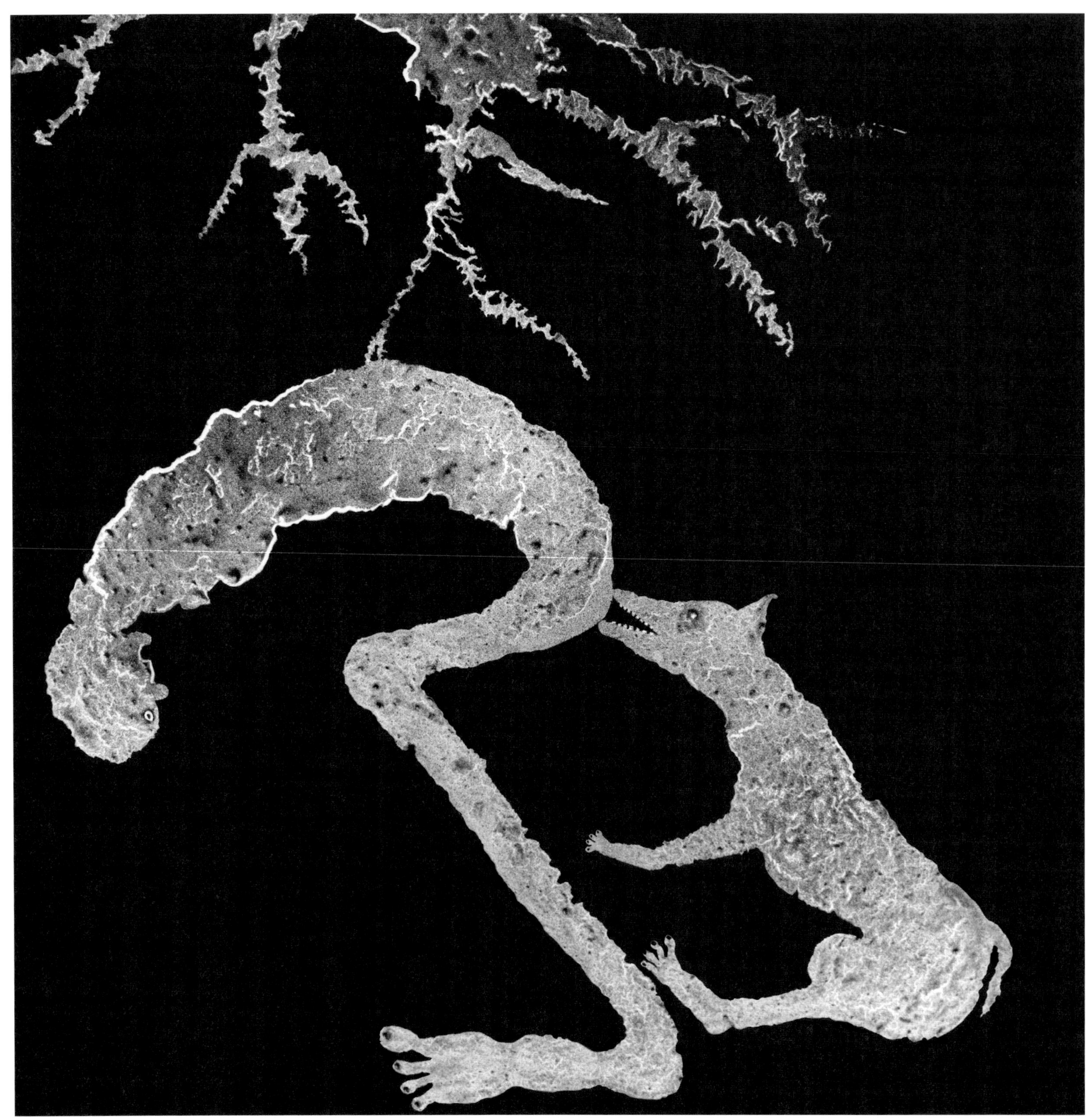

20 / Roger Ballen / Ouch (2010) / 50 × 50 cm

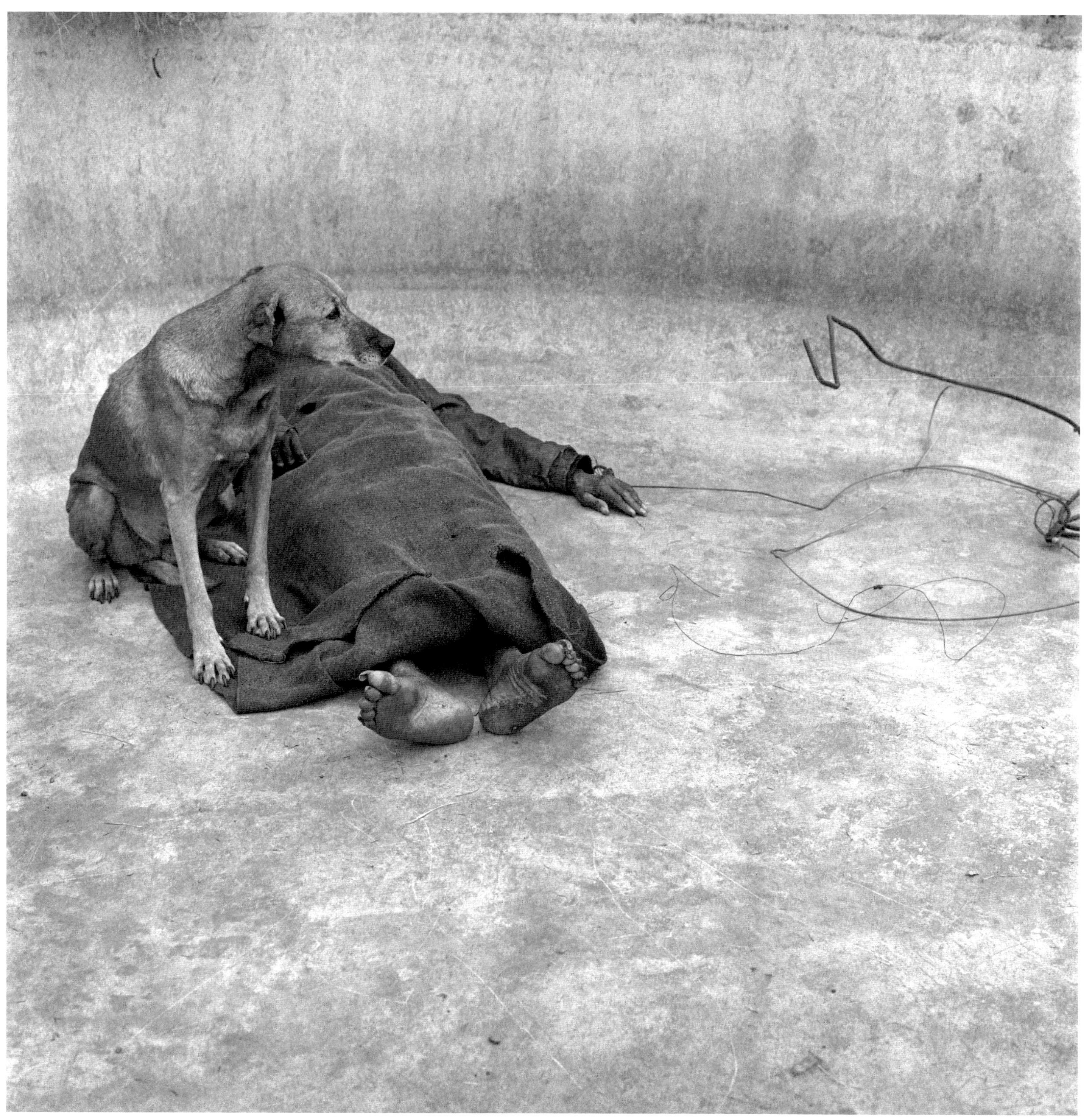

 / Roger Ballen / Guardian (2001) / 40 × 40 cm

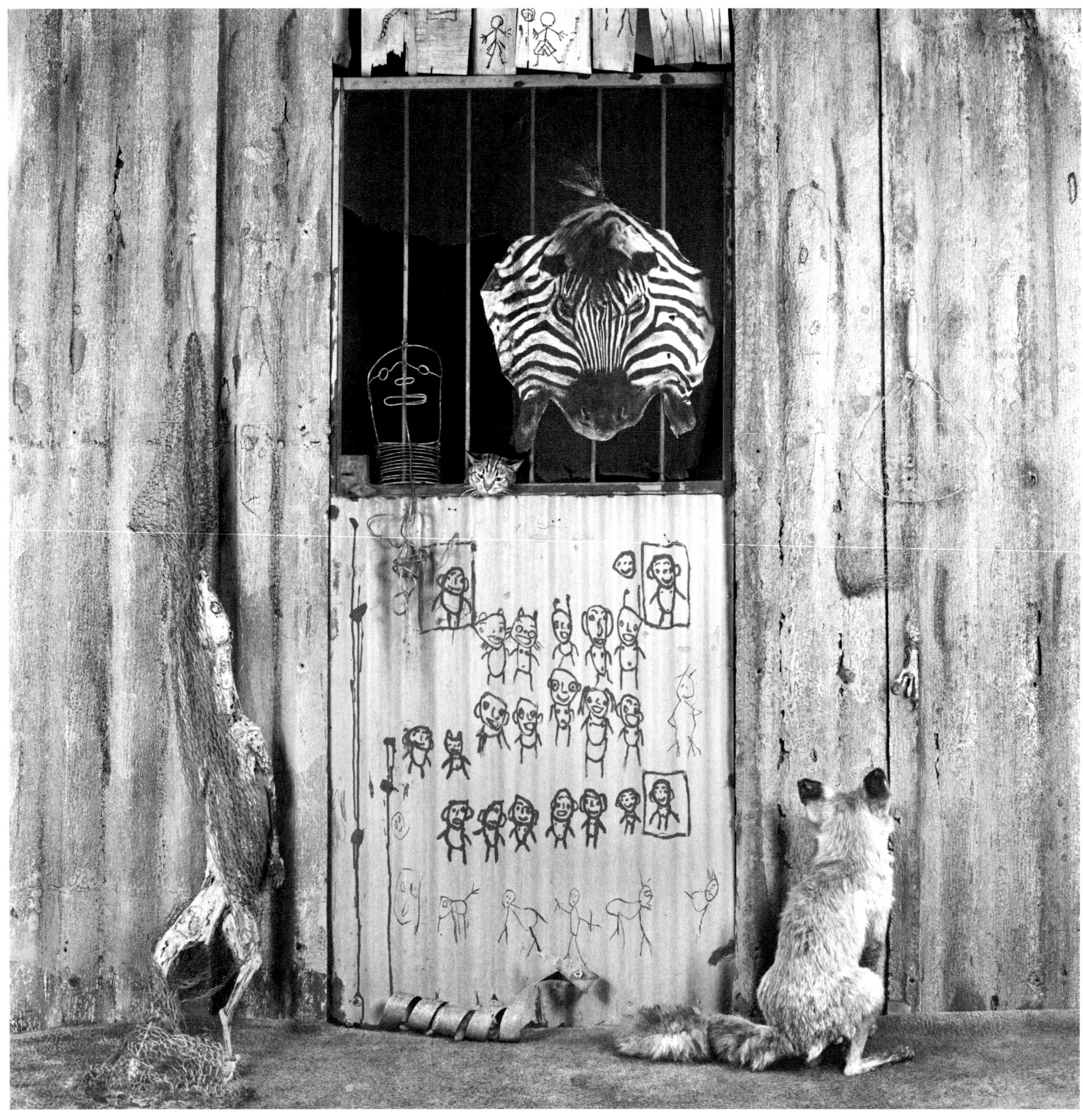

22 / Roger Ballen / Zebra room (2007) / 60 × 60 cm

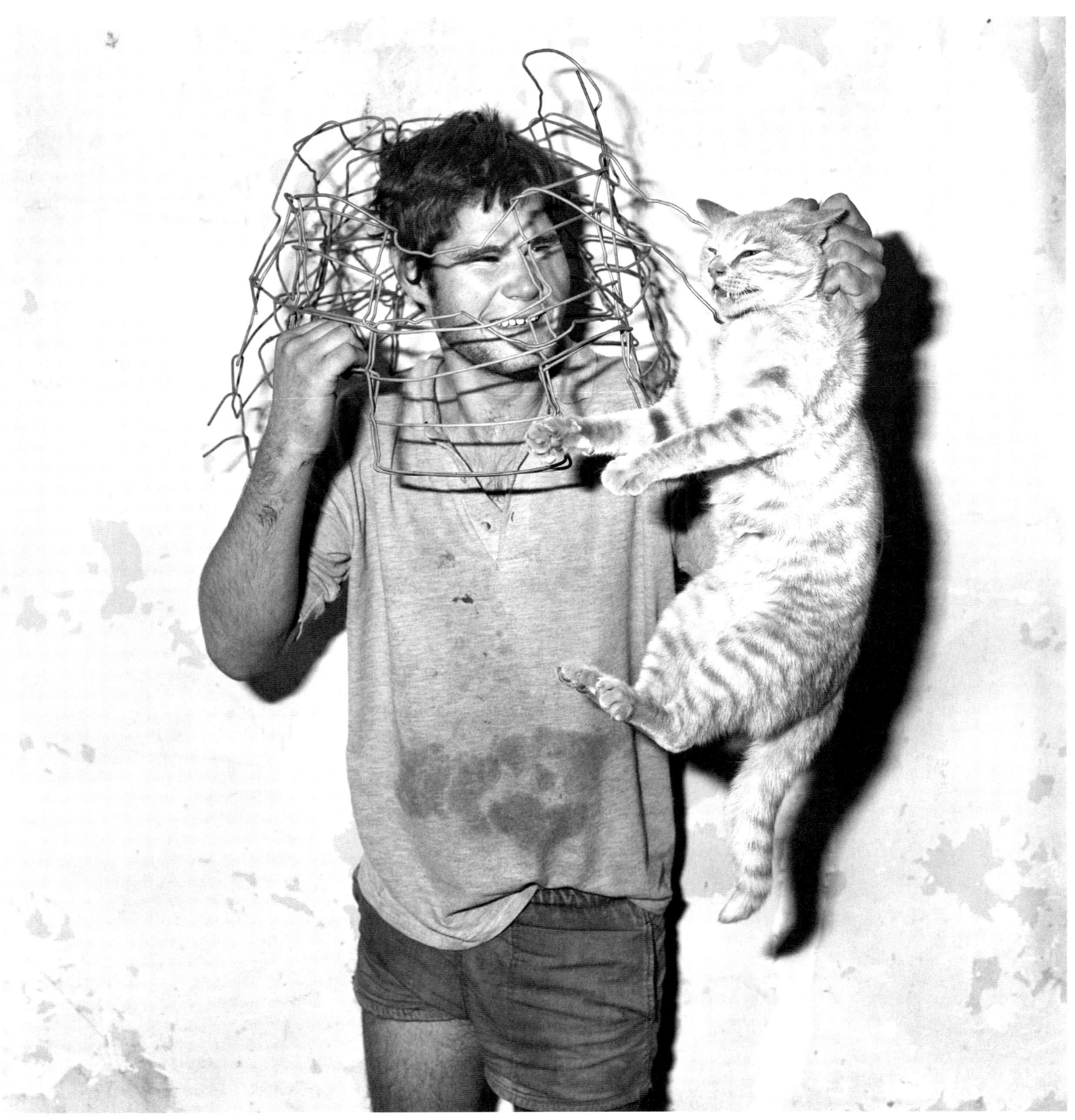

23 / Roger Ballen / Cat catcher (1998) / 40 × 40 cm

and, primarily, drawing. For some years now he has lived the calm and concentrated life of a recluse with his family and a few animals, interrupted by occasional travels and exhibitions, which have recurrently taken him to Spain, among other places. This voluntary seclusion has nothing dramatic about it, being neither a reaction to personal disappointment nor motivated by a deliberate dissociation from the social fabric. It's simply that in the countryside, surrounded by the fields of Bilzen, Lemmen finds his ideal working conditions: sufficient space, the necessary contemplative tranquillity, and a relatively direct experience of nature.

Unleashed

The joint project bears the title *Unleashed*, which describes a physical and mental condition that can equally be understood as threat or promise: the wild dogs, the forces of nature, something that can no longer be controlled, the human mind unbound; the ideal, unfettered state of the artist, free from all restrictive rules, released from the constricting pressure of an intellectual corset, of a leash that defines and limits the radius of existence and action. The term is a double-edged sword, the dialectic it contains incisive, as despite all euphoria about the act of liberation, it's also certain that the energy it releases can equally engulf the unleashed individual.

The dogs let loose by the Amazon queen Penthesilea in Kleist's eponymous drama are a metaphor for her wildness. The unleashed passion is out of control; affect becomes a weapon. Nature triumphs over the law of the Amazons, destroying the queen and her lover Achilles. Penthesilea becomes a dog, one of the pack of hellhounds that tragically tears to pieces the one she so dearly loves.

'The Problem of Freedom' – seen socially and politically. Thomas Mann drafted a speech to the Pen Congress with this title in 1939, the year of the outbreak of war. A speech he famously never delivered. Total freedom, 'the absolute freedom of the individual through universal freedom', as Erich Mühsam described anarchy, can become a threat to social harmony and order. But rather than these general questions of philosophy and social discourse, the exhibition title more strongly reflects the explosive, chaotic, and undirected forces that lie dormant in an individual and can erupt like a volcano; the genie of individual freedom that once liberated can no longer be put back in its bottle.

Ballen remarks: 'These words are easy to say. It's easy to say I'm going to be unleashed, I'm going to be free. But what are you going to do? Jump off a big building, eat a big hamburger? What do you mean by becoming free? It's a very difficult process. It's a mental process. And the mind has to be free of itself. But the mind is the problem.'[3]

If the leash on which people are led, or allow themselves to be led, can be described by rationality and reason, then the absence of these

3 Interview, Roger Ballen, Hans Lemmen, Jan-Philipp Fruehsorge, Amsterdam, September 2016, transcript.

l'Apartheid dans *Dorps, Platteland, Outland*. Progressivement, ses photographies vont prendre la forme d'images d'une réalité mise en scènc, qui continuent de creuser la question centrale qui hante Ballen : l'existence absurde de l'homme, son âme blessée et errante peuvent-elles se saisir et se traduire avec les moyens artistiques et picturaux ?

Hans Lemmen est né en 1959 à Venlo, aux Pays-Bas et a fait ses études à l'Académie des arts appliqués de Maastricht. Ses moyens d'expression sont en première ligne la sculpture et le dessin. Depuis plusieurs années, il partage avec sa famille et quelques animaux une vie calme et retirée, occasionnellement ponctuée de voyages et d'expositions qui l'ont conduit à plusieurs reprises en Espagne notamment. Son choix de vie en retrait n'a rien de dramatique, il n'est ni le résultat d'une déception éprouvée dans son parcours personnel, ni n'est motivé par une volonté consciente de se soustraire au groupe social. Ici, à la campagne, au milieu des champs de Bilzen, Lemmen trouve tout simplement les conditions de travail pour lui idéales, suffisamment d'espace et la paix contemplative nécessaire dans l'expérience relativement directe de
la nature.

Unleashed

Le projet commun s'intitule *Unleashed* ou « *déchaîné* », ce qui peut faire allusion à un état physique ou psychique et être aussi perçu comme une menace ou une promesse. Les chiens sauvages, les forces de la nature, ce qui devient incontrôlable, la raison, l'esprit, l'homme libéré qui pense librement. Le déchaînement comme état idéal de l'artiste, libre de toutes contraintes restrictives, délivré de la pression d'un corset mental qui le bride, d'une laisse qui définit et restreint son existence et son rayon d'action. Cette notion est une épée à double tranchant, elle véhicule une dialectique incisive, car l'euphorie suscitée par l'acte de libération, l'énergie ainsi libérée peut, aussi bien, se retourner contre l'individu débarrassé de ses chaînes avec un effet dévorant et destructeur.

Les chiens libérés de Penthésilée, la reine des Amazones dans le drame du même nom de Kleist, sont une métaphore de sa sauvagerie ; la passion libérée échappe à tout contrôle, les affects deviennent une arme. Le triomphe de la nature sur la loi des Amazones cause la perte de la reine et de son amant Achille. Métamorphosée en chien, Penthésilée deviendra un élément de la meute des cerbères et prendra part – en dépit de son amour profond – à la tragique mise en pièces d'Achille.

« Le problème de la Liberté » – d'un point de vue social et politique – était le titre d'un discours prévu par Thomas Mann devant le congrès du PEN en 1939, année de la déclaration de la Deuxième Guerre mondiale. Un discours

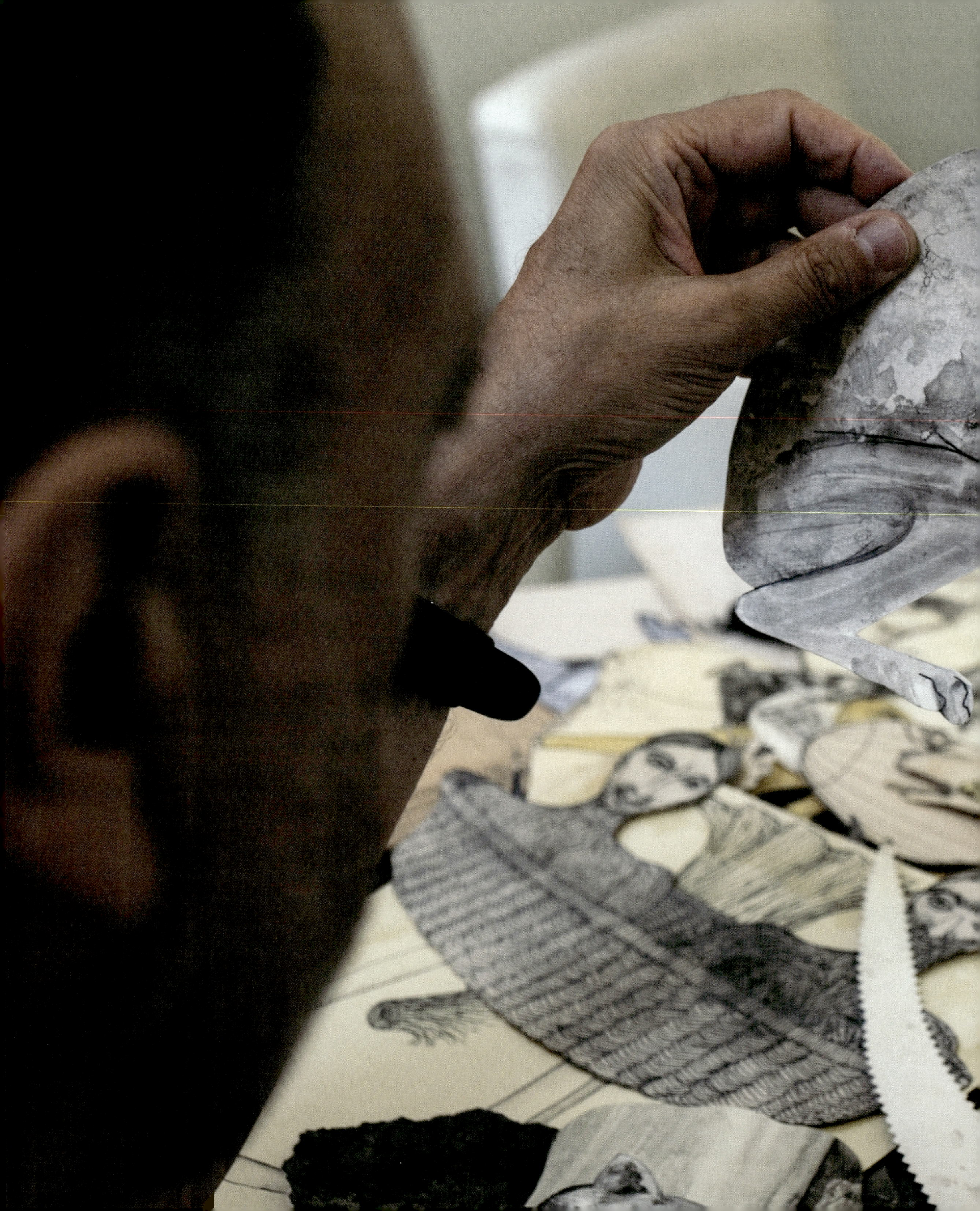

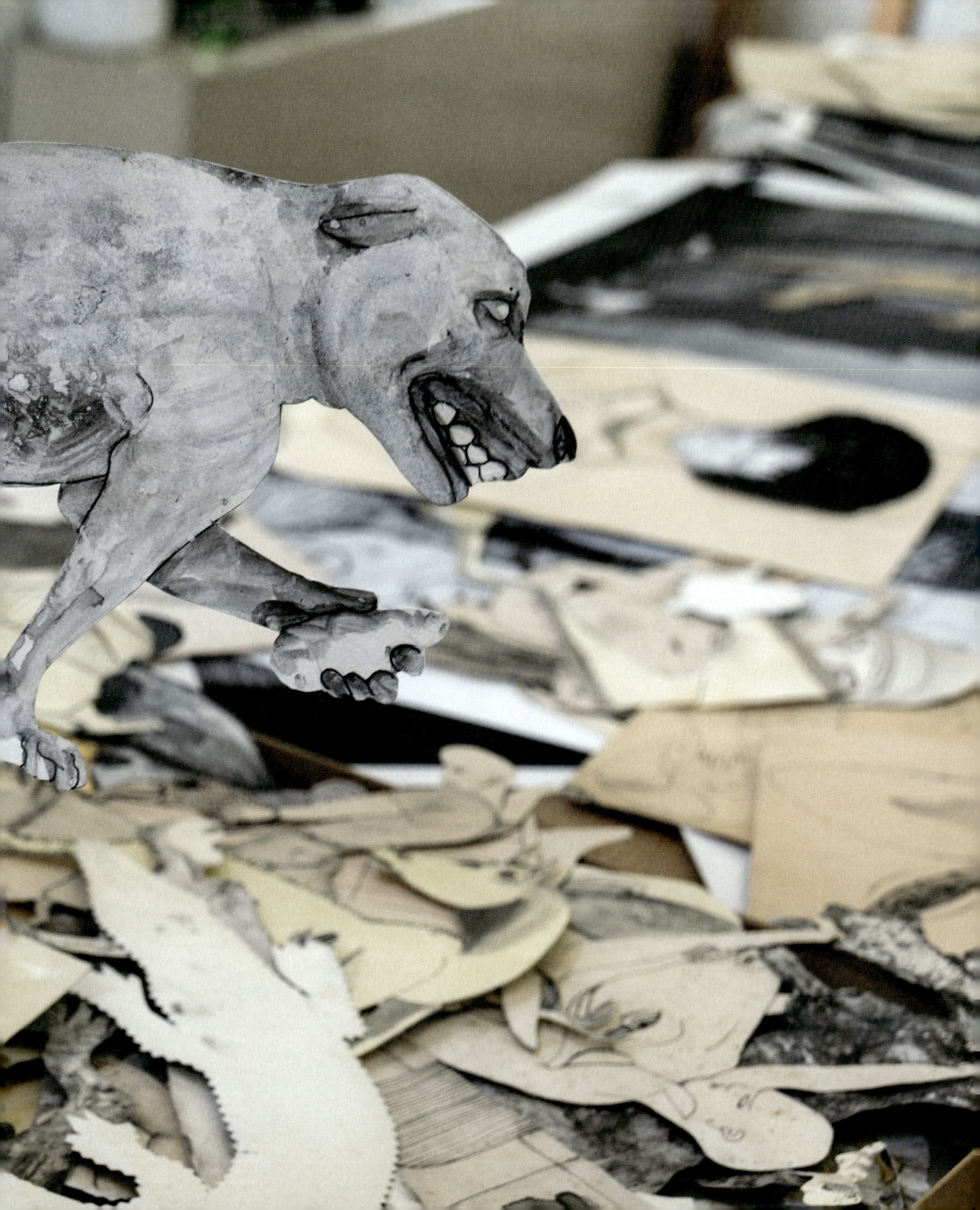

instruments of order means opening a floodgate of emotional and existential dimensions.

Goya's famous *Capricho 43, The Sleep of Reason Produces Monsters* (1797–98), is an emblematic image of modernity, and like Piranesi's *Carceri* before him, whose winding subterranean labyrinths and stairways were to be read as the claustrophobic introspection of the soul, so did Goya's dark nocturnal drawing become a reflection of humankind's state of being and a key image for the surrealists and all surrealists *avant la lettre*, such as Victor Hugo, Odilon Redon, Max Klinger, Alfred Kubin, or Félicien Rops.[4]

The swarm of owls and bats that flutter upward behind the sleeper, the arisen nightmares and yawning abysses of the human soul – we encounter them again in Lemmen's treatment of a Ballen photograph, in which a figure standing behind an elephant covers its face with its hands, and instead of a head a sea of clouds streams out of a roughly drawn grimace.

In a quite practical and concrete sense, *Unleashed* is also the liberation of the two participating artists from their own routine technical processes. Roger Ballen still takes analogue photographs. He generally uses the same Rolleiflex he has owned for thirty years. The only thing that has changed is that he now has his negatives scanned in order to print off the images. Working with Lemmen's drawings has led to him to combine his photographic practice – which since the *Apparition* series has been extended by drawing on glass – with fragmented motifs by his collaborator. And Lemmen for his part was persuaded by the foreign photographic material to try out a variety of methods and techniques: the prints that reach him weekly by post from South Africa go through a complex, always playfully experimental process in search of the right pictorial solutions. He always has several prints of the same motif available, so it's possible to play through several variations. The work takes place in parallel, always several drawings at a time, in simultaneously multiple procedures. In-depth viewing is always followed by phases of deconstruction, in which the drawings are cut,

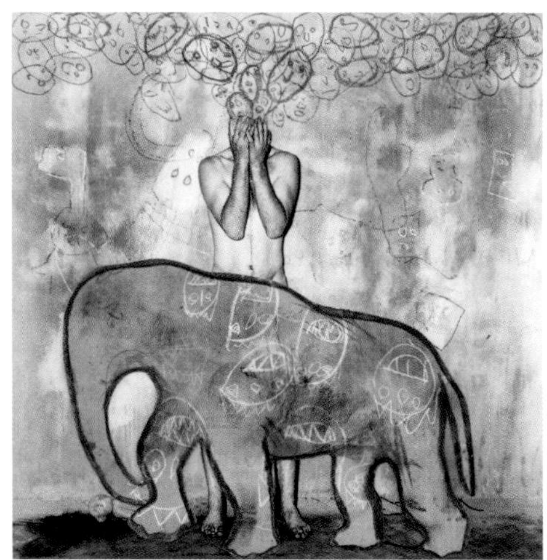

4   Peter-Klaus Schuster,
'Unausdeutbar – Goyas Capriccio
43 als Sinnbild der Moderne',
in *Goya: Prophet der Moderne*, exh.
cat. Berlin, Vienna, Madrid, 2005,
pp. 33–41.

Hans Lemmen, *Elephantman*, 2016

Francisco de Goya y Lucientes,
*Capriccio 43 / El sueno de la razón
produce monstruos*, 1896

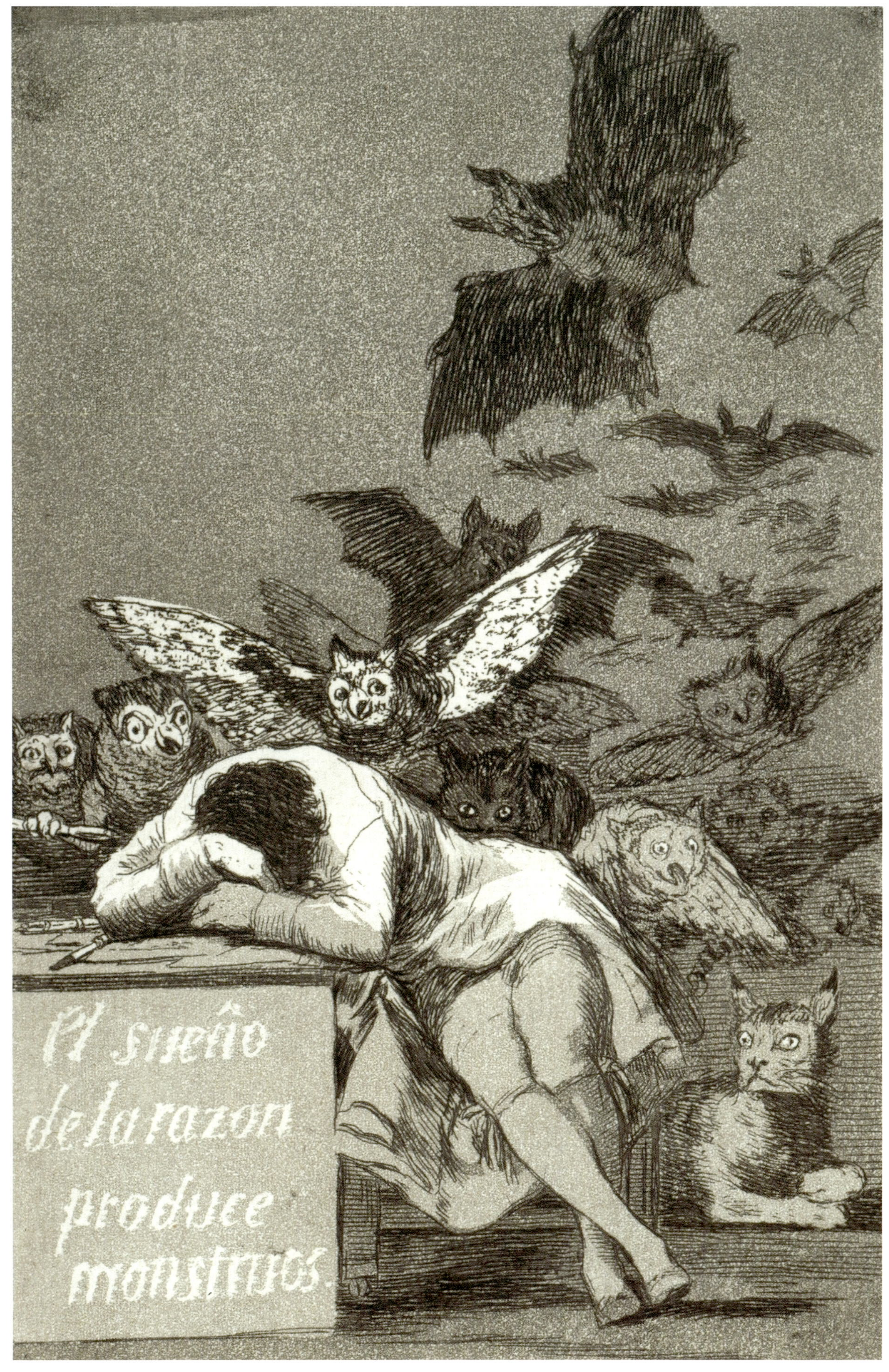
El sueño de la razon produce monstruos.

The human-animal hybrid is
a figure of ambivalence and
contingency. Evolution as
accident or chance, in whose
processes only a shift in DNA
would lead to beings that are
humanoid but not human.

La créature hybride mi-homme
mi-animale est une figure de
l'ambiguïté, de l'ambivalence et
de la contingence. L'évolution
comme accident ou hasard dont
les processus de déroulement
ne conduirait à des êtres
semblables à des hommes sans
être humains que par un report
de l'ADN.

qui, comme on sait, ne fut jamais prononcé. La liberté totale et « absolue de
l'individu par la liberté de tous », pour reprendre la définition de l'anarchie par
Erich Mühsam, peut devenir une menace pour la paix et l'ordre social. Mais
le titre de l'exposition renvoie moins à ces questions générales de philosophie
et de discours social qu'aux forces explosives et confuses qui dorment dans un
individu et peuvent se réveiller avec une soudaineté volcanique, à l'esprit de
liberté individuelle qui, une fois libéré, ne se laissera plus jamais réprimer.

Ballen remarque à ce propos : « Il est facile de dire "Je vais être
désenchaîné, je vais être libre". Mais que faire de cette liberté ? Sauter d'un
immeuble, dévorer un hamburger géant ? Qu'est-ce que ça signifie, être libre ?
C'est un processus très difficile, un processus mental. La raison elle-même doit
être libre, mais la raison est elle-même le problème. »[3]

Si l'on voit dans la laisse par laquelle sont menés ou se laissent mener les
hommes la raison, l'absence de cet instrument d'assujettissement ouvre alors
les vannes à un débordement existentiel et psychique.

Le célèbre *Capricho* 43 de Goya, « Le Sommeil de la raison engendre des
monstres » (1797-98), est une image emblématique de la modernité. Comme
antérieurement les « Carceri » (« Prisons imaginaires ») du Piranèse, ces caves
et escaliers labyrinthiques regardés comme une introspection claustrophobe
de l'âme, la page sombre, nocturne, de Goya est devenue un reflet de la
constitution du *Dasein* et elle est devenue une image-clé pour les surréalistes
et les surréalistes avant la lettre que furent Victor Hugo, Odilon Redon, Max
Klinger, Alfred Kubin ou encore Felicien Rops.[4]

La nuée de chouettes et de chauve-souris qui voltigent derrière le
dormeur, incarnation des cauchemars et des abîmes de l'âme humaine,
nous les retrouvons dans le traitement par Lemmen d'une photographie de
Ballen, dans laquelle une silhouette, debout derrière un éléphant, se frappe
le visage de ses mains et, au lieu de la tête attendue, c'est une mer de nuages
en forme de masques grimaçants, esquissés à grands traits, qui déferle derrière
les mains.

Dans un sens tout à fait pratique et concret, *Unleashed* est aussi la libération des
deux artistes de leur technique et mode de travail routiniers. Roger Ballen
utilise jusqu'à ce jour un appareil photo analogique, généralement le même
Rolleiflex dont il se sert depuis 30 ans. Le seul changement intervenu dans sa
technique consiste à faire scanner les négatifs pour pouvoir faire imprimer les
tirages. Le travail avec les dessins de Lemmen a conduit Ballen à combiner sa
pratique photographique, déjà enrichie depuis la série *Apparition* d'une nouvelle
forme de production d'images par le dessin sur des plaques de verre, avec les
motifs fragmentés de Lemmen. Lemmen de son côté en est venu, par le
matériau photographique étranger à son travail, à expérimenter les techniques
et méthodes de traitement les plus variées qui soient : les *prints,* qui lui arrivent
chaque semaine par la poste d'Afrique du Sud, sont soumis à un processus

3 Interview, Roger Ballen, Hans
   Lemmen, Jan-Philipp Fruehsorge,
   Amsterdam Septembre 2016,
   Transcript.
4 Peter-Klaus Schuster:
   'Unausdeutbar,– Goyas Capriccio
   43 als Sinnbild der Moderne', in:
   Goya. Prophet der Moderne, cat. d'exp.
   Berlin, Vienne, Madrid, 2005,
   p. 33-41.

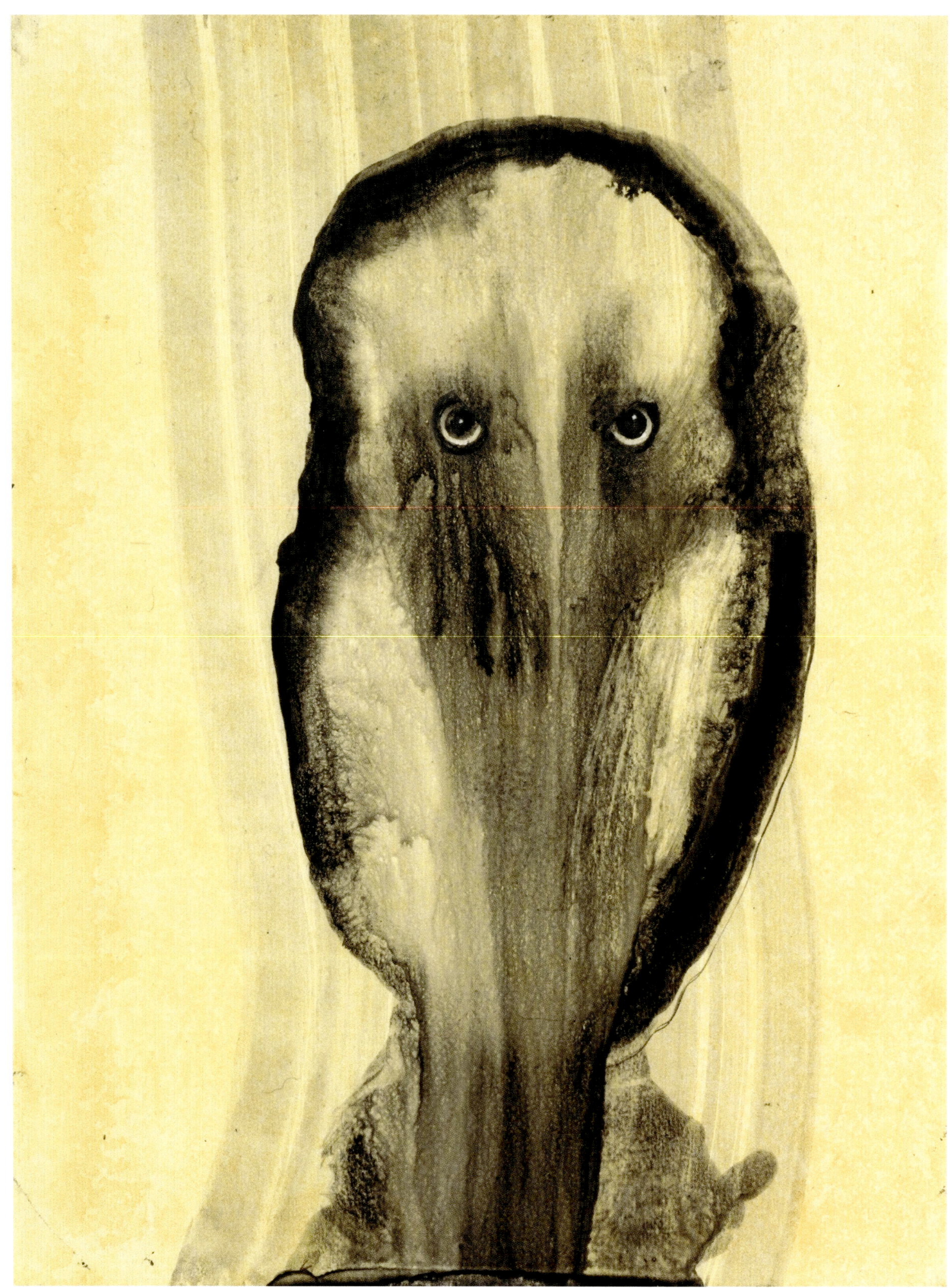

 / Hans Lemmen / Untitled (2016) / 24 × 31 cm

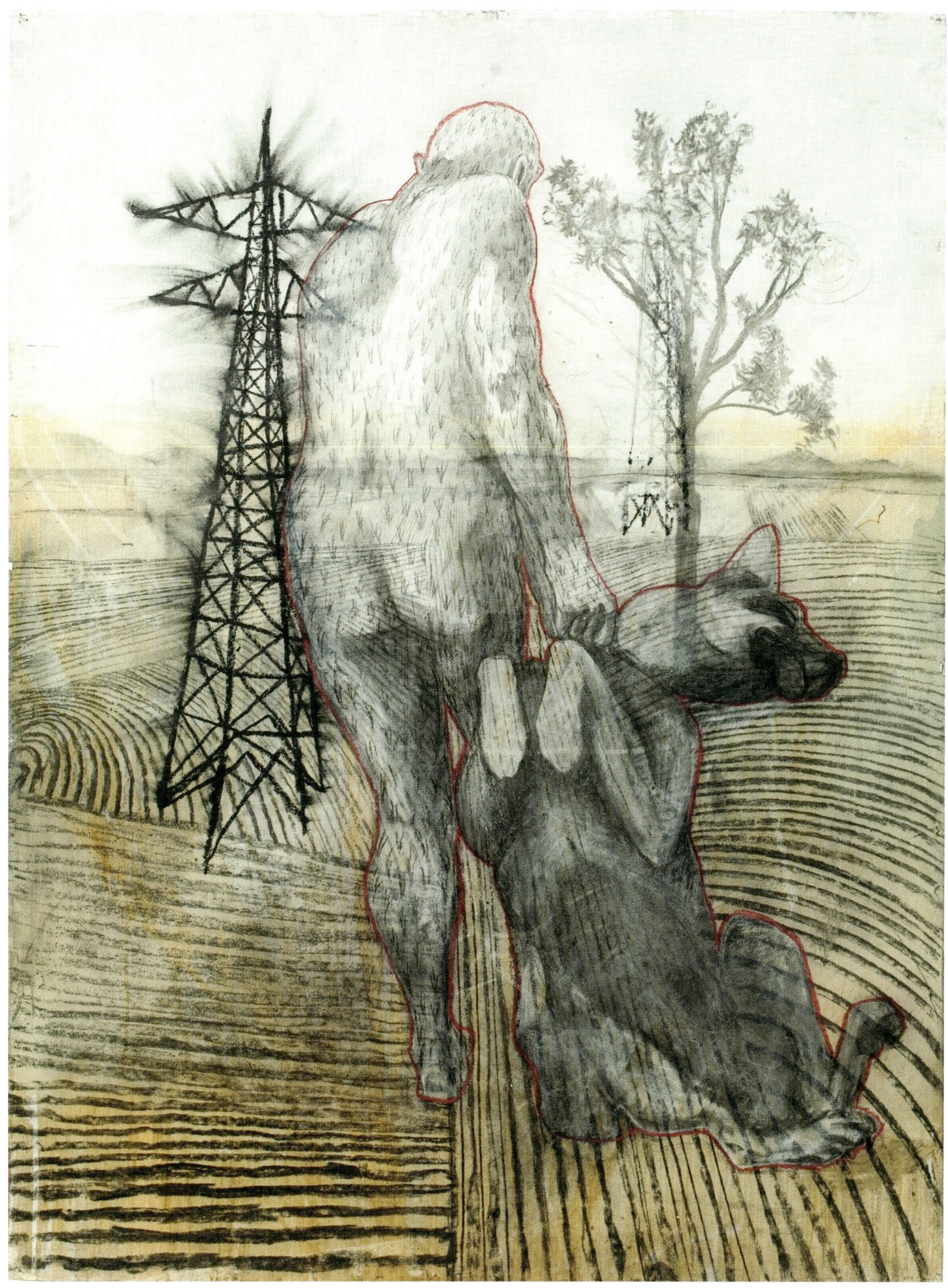

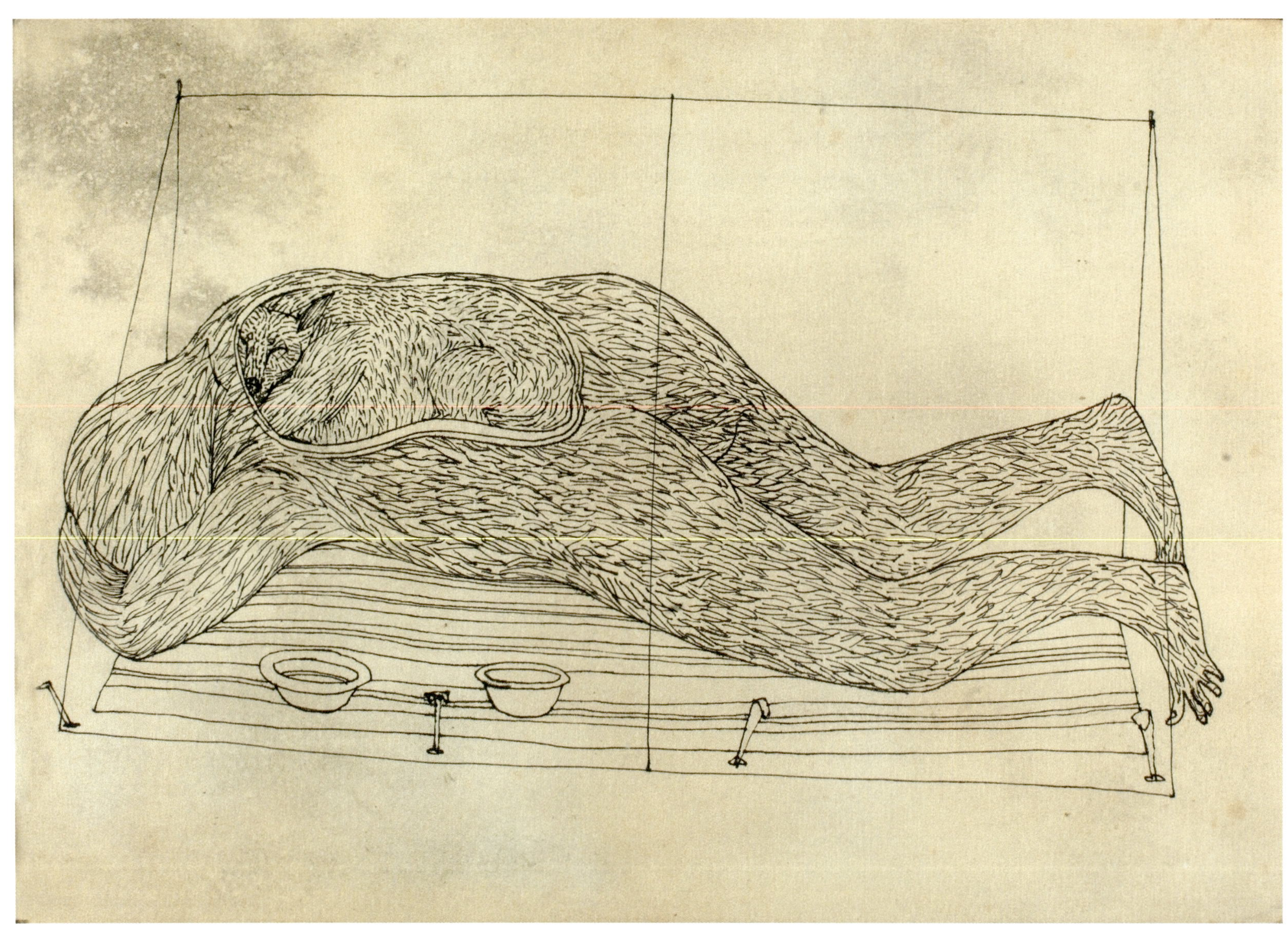

34 / Hans Lemmen / Untitled (1999) / 31 × 24 cm

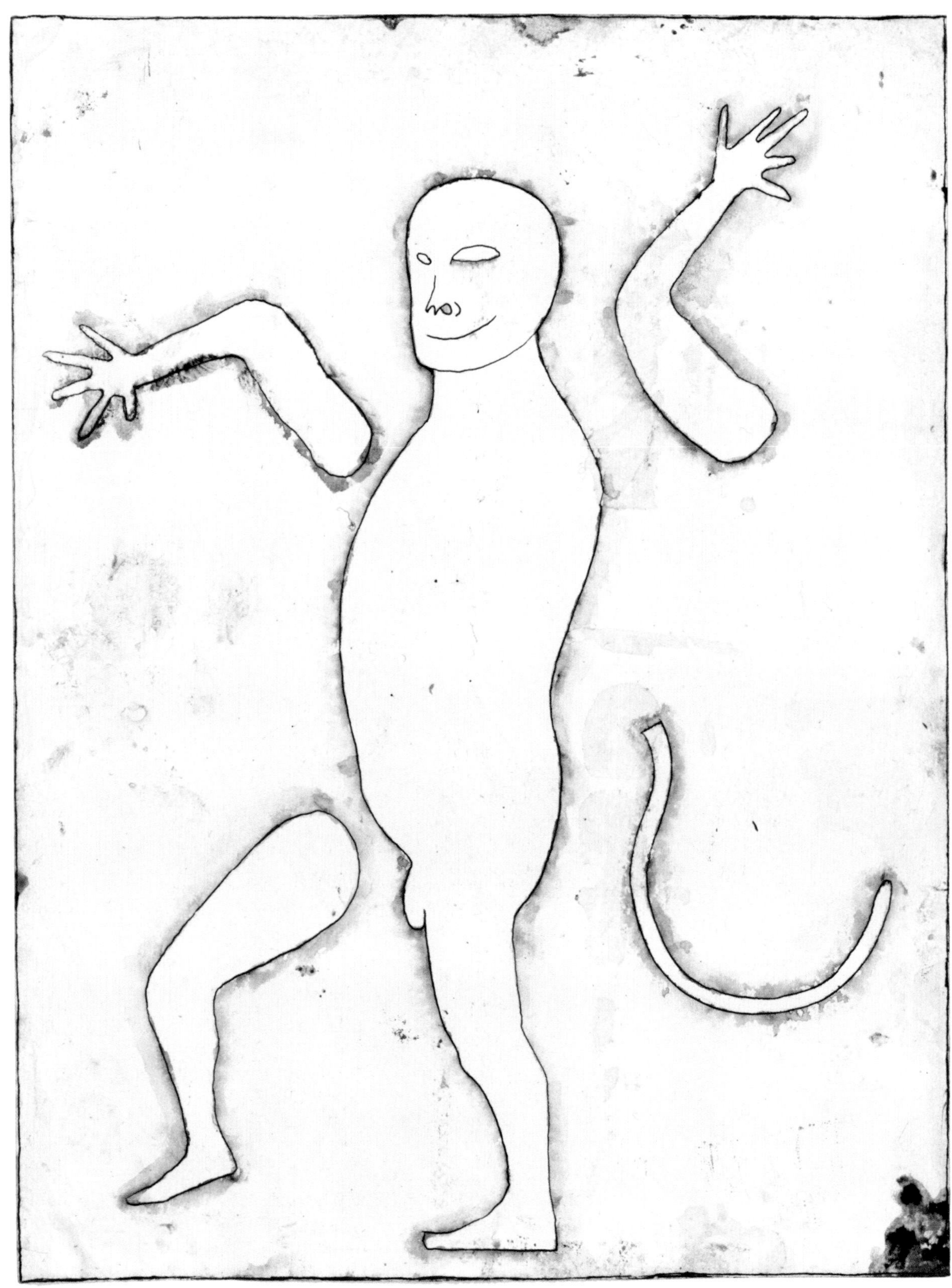

 / Hans Lemmen / Untitled (2015) / 24 × 31 cm

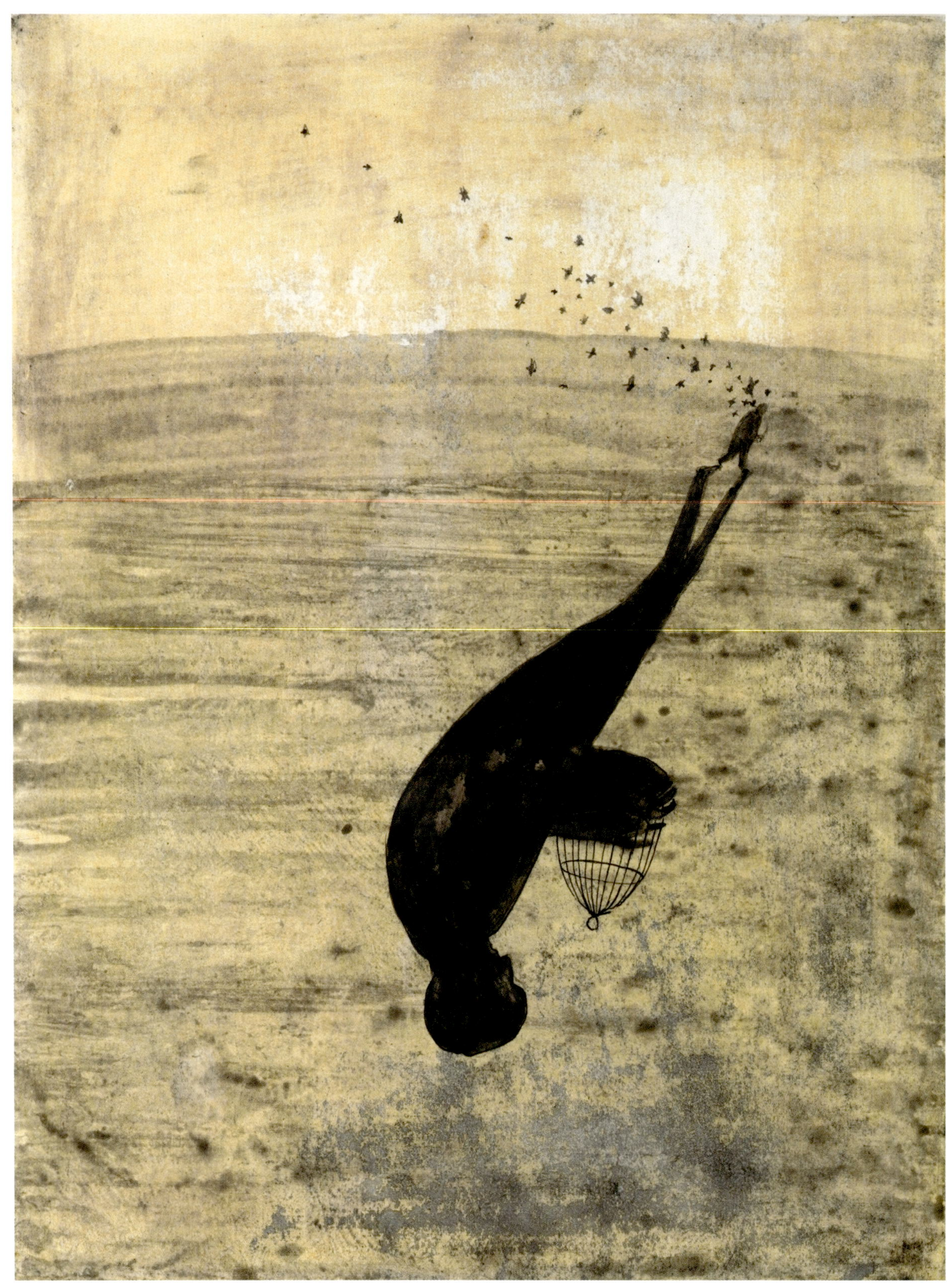

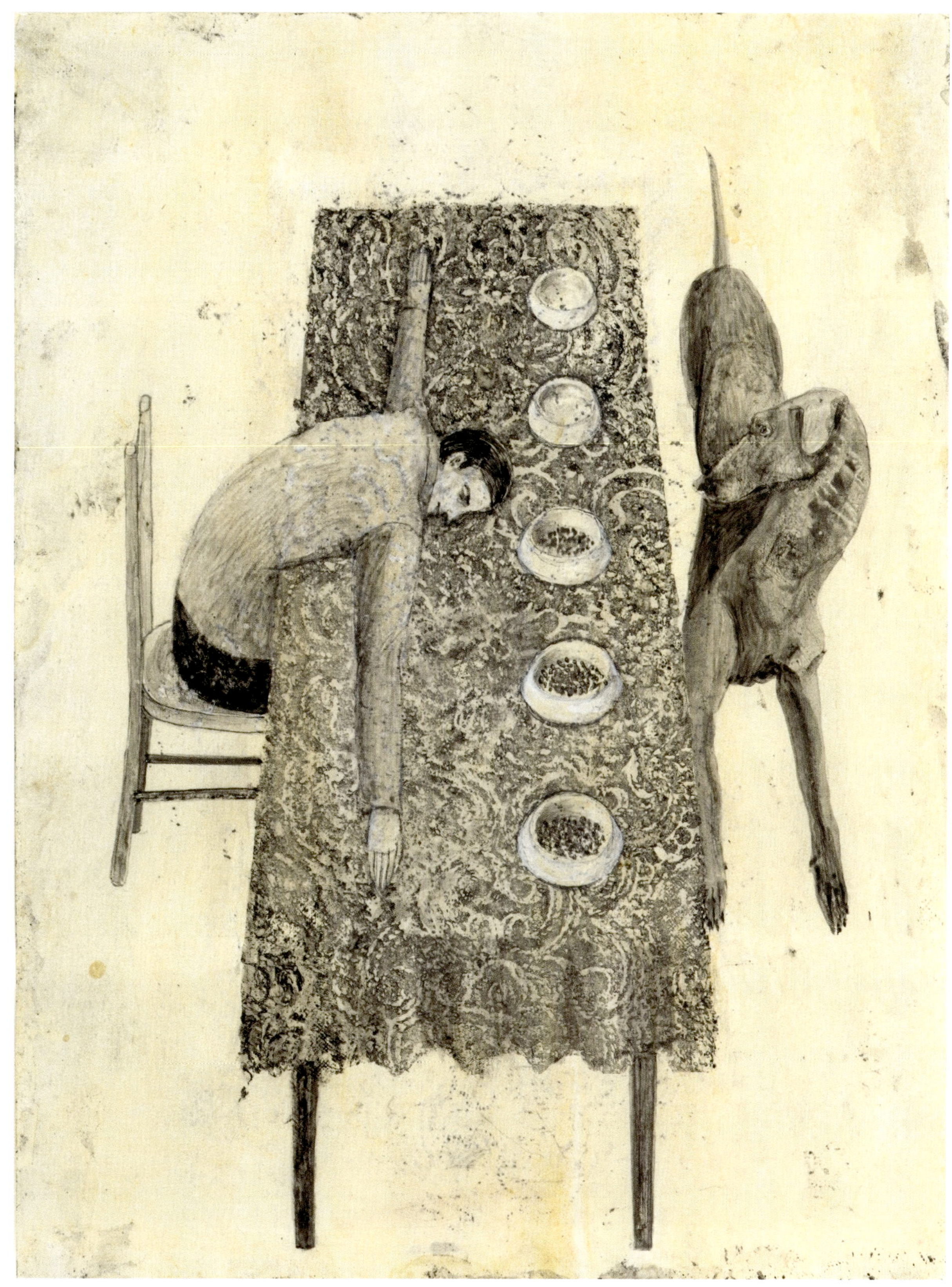

overdrawn, scratched, partially obliterated, and recombined. In this process Lemmen remains committed to the process of drawing; he grapples with the specific materiality, tactility, the production of markings and traces.

Ballen ultimately returns to his central medium of photography. Whatever he has fabricated from his partner's material, the final view is through the lens, the photographer's eye examining the composition in this measured looking.

Freedom and control as a dialectical pair. Ballen's way of staging is almost pedantic, at any rate precise and controlled; when an animal looks into the camera at the right moment, the 'decisive moment' (Cartier-Bresson), it is hard-earned and wrought from a rigorous perfectionism. By way of contrast there is the subject matter of anarchy, the collapse of order, of mental health, the absence of social control, of a set of rules of whatever kind, the now fragile identity, the creaturely aspect of existence.

Archaeology / Space

The farmhouse where Lemmen lives and works isn't far from a town, but far enough away to be called remote. Not isolated, but secluded enough to have the necessary tranquillity, without the hectic distraction of the city. Lemmen's daily walks with the two dogs take him across fields on which he has been finding archaeological objects for years: shards, arrowheads, sharpened stones, prehistoric tools, a hand-axe. Lemmen once said that for him this last one was almost a 'mythical object'.[5] When his long search for a real hand-axe remaind unsuccessful, he finally decided to have one specially made, and devoted a whole exhibition of drawings and objects to this tool. Copying this prehistoric artefact in crystal gives the profane but existential universal tool of our ancestors an absurd, non-functional beauty, and corresponds to a specific form of poetic morphology.

Lemmen is an artist who has subjected himself to neither fashions nor trends, 'who in a continual stream of mainly drawings and sculptures sends archetypical images forth into the world'.[6] His images don't seem to come from the twenty-first century, more from the early twentieth or even the nineteenth century. Not because their artificially applied patina gives them a temporal distance from today – this occurs by the way – but because they aren't rooted in the zeitgeist, and they deal with things of a basic nature. Human being, dwelling, tree, animal – this four-cornered foundation pillar marks the world in which Lemmen operates. And every object plays a metonymic role. Microcosm reflected in macrocosm.

Ballen, the qualified geologist, often refers to the analogy of geology between geology and photography: image production as an activity related to digging into the deep layers of the human psyche. The logic and structure

5 From Hans Lemmen, *Lithomania*, Waltwilder, 2002, p. 156.
6 Stijn Huijts, 'Lithomania: The artistic bandwidth of a boyhood dream', in Lemmen, *Lithomania*, p. 12.

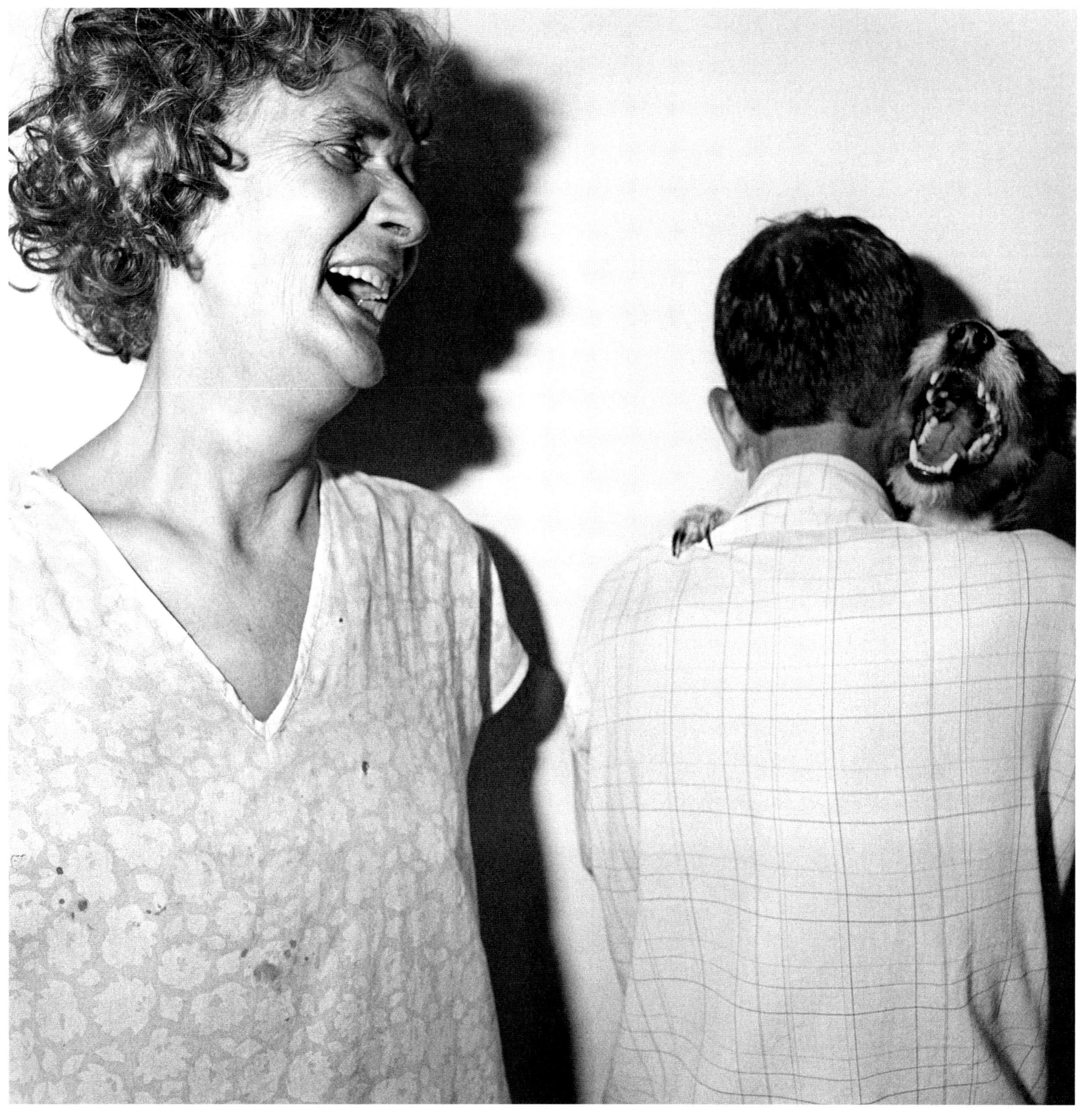

39 / Roger Ballen / Woman, man and dog (1995) / 40 × 40 cm

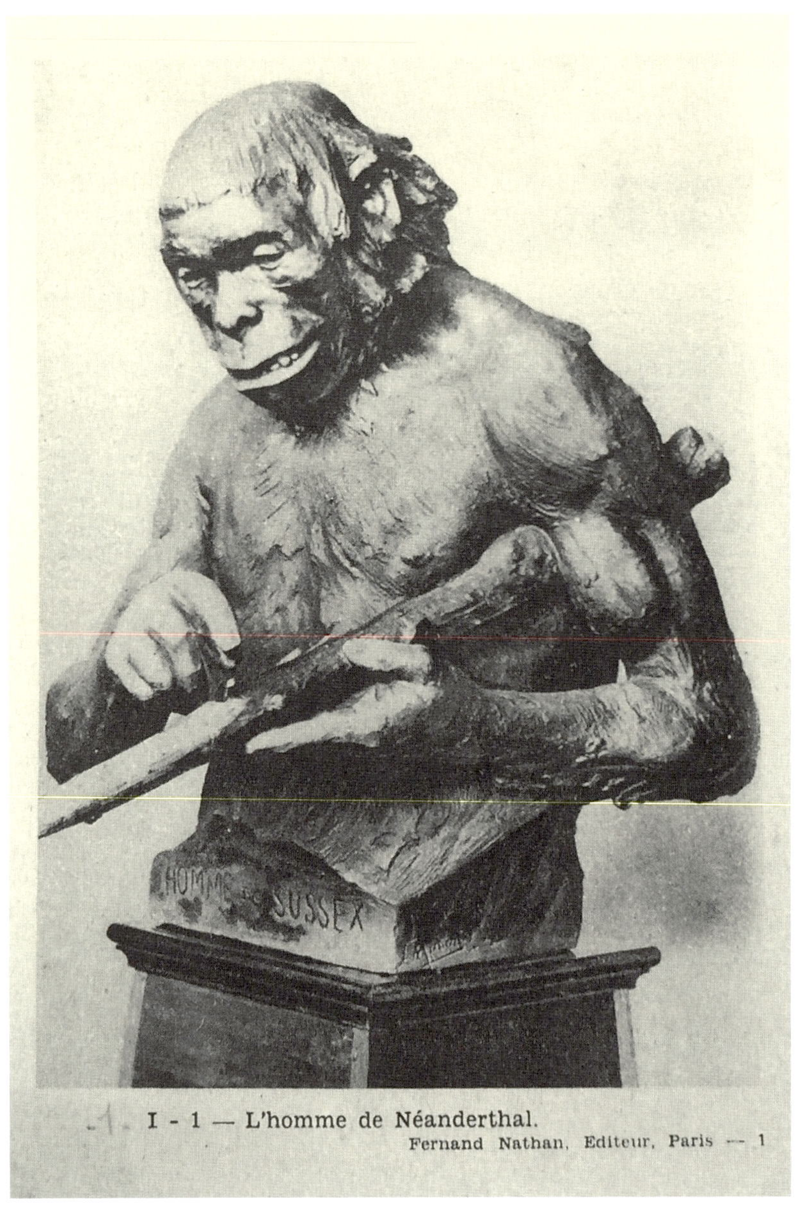

I - 1 — L'homme de Néanderthal.
Fernand Nathan, Editeur, Paris — 1

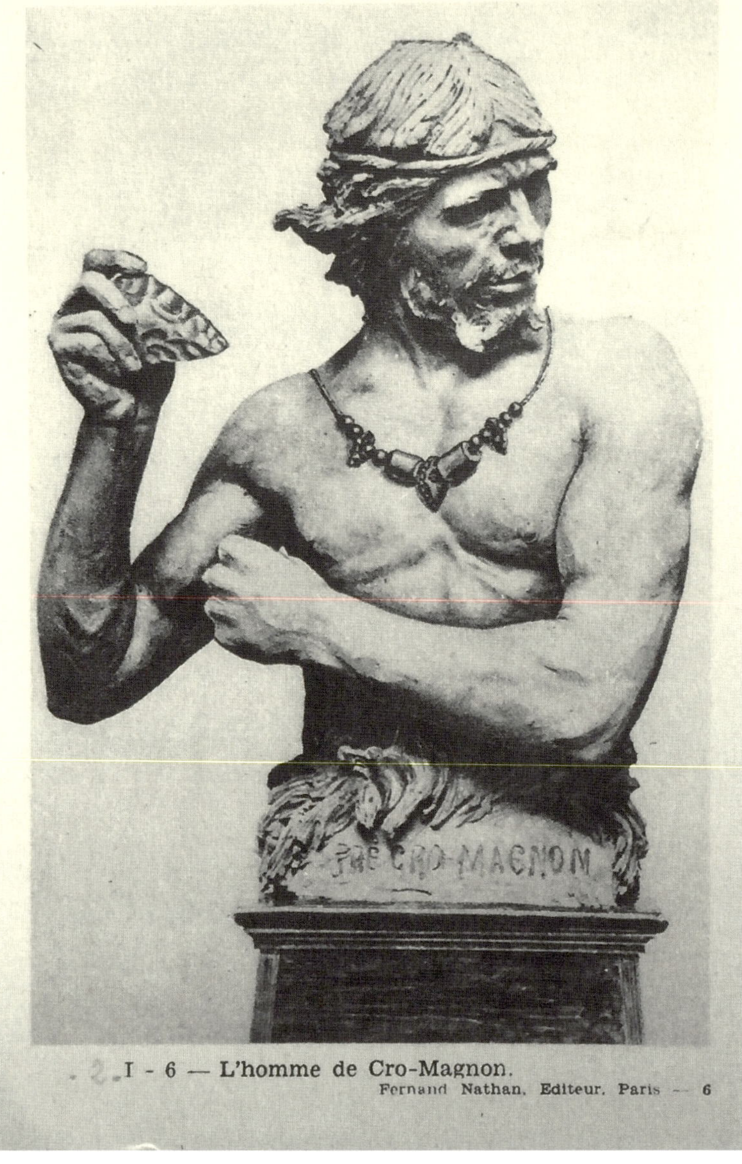

I - 6 — L'homme de Cro-Magnon.
Fernand Nathan, Editeur, Paris — 6

complexe, toujours expérimental et ludique, dans la recherche des solutions picturales justes. Il a toujours à sa disposition plusieurs tirages du même motif, ce qui lui permet de jouer sur les variations. Le travail se déroule en parallèle, sur plusieurs feuilles toujours traitées simultanément selon divers procédés. L'observation détaillée est toujours suivie de phases de déconstruction, jusqu'à découper, dessiner et gratter les feuilles, les effacer partiellement et les recomposer. Dans ce processus, Lemmen reste, en tant qu'artiste, attaché au dessin, il s'intéresse au matériau spécifique, à la tactilité, à la production de traces, de marquages.

Pour Ballen, c'est finalement un retour à son outil central qui est la photographie. Quoi qu'il ait réalisé à partir du matériau de son partenaire, le dernier regard revient au viseur et c'est par la mesure que l'œil du photographe contrôle la composition.

La liberté et le contrôle forment comme un couple dialectique. Le style de mise en scène de Ballen est précis et contrôlé, pour ne pas dire pointilleux ; « l'instant décisif » (Cartier-Bresson), quand l'animal fixe l'appareil photo au moment opportun, est implacablement élaboré et arraché à un perfectionnisme rigoureux. Au niveau du contenu, au contraire, règne l'anarchie, l'effondrement de l'ordre, de la santé mentale, l'absence de contrôle social, de rouages quels qu'ils soient, l'identité devenue friable.

Archéologie / Espace

La maison de ferme où vit et travaille Lemmen est située non loin d'une ville, mais suffisamment loin pour qu'on puisse la qualifier d'isolée ou du moins assez à l'écart pour offrir le calme et la distance nécessaires par rapport à l'agitation et la distraction d'une métropole. De ses balades quotidiennes à travers champs avec ses deux chiens, Lemmen rapporte au fil des années des trouvailles archéologiques, débris de verre, pointes de flèche, pierres taillées, outils

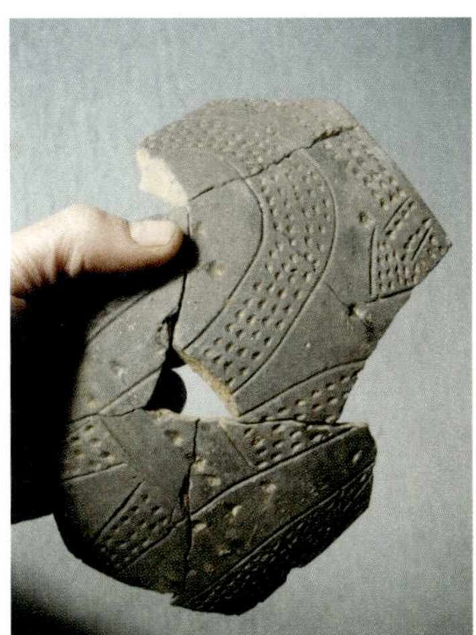
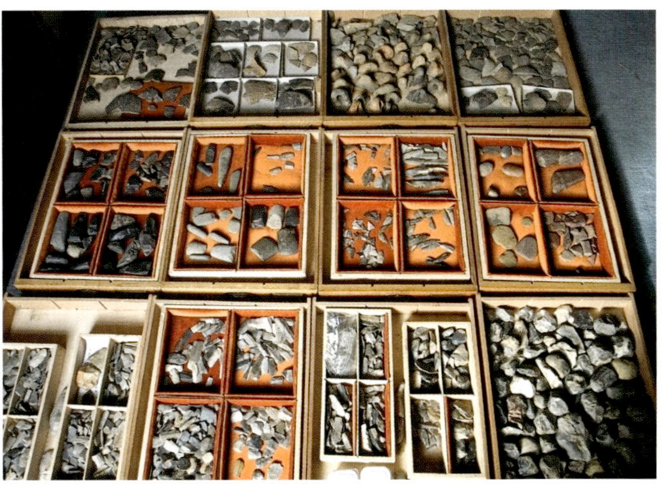

Artifacts found by / Artifacts trouvé par Hans Lemmen

of a world organised in layers are familiar to both the geologist and the archaeologist. They are both spatial models intended – as the *ars memoria* once sought architectural models – to illustrate the theatre of recollection. The brain as labyrinth and the curiosity cabinet as image of the world, in which differing, competing systems of order and taxonomy prevail – this too is microcosm and macrocosm.

While Lemmen largely makes use of landscapes, open and sometimes not further defined pictorial spaces, an agrarian Arcadia traversed by electricity pylons, Ballen's world is that of closed and windowless rooms. This claustrophobic world is a stage, a sanatorium, or a prison. Rooms serve as a consistent metaphor for the human mind. Together with the author Didi Bozzini, Ballen has recently completed the book *House Project*, and in Finland turned an entire house into an installation. Every part of the house, every layer, if you like – geological / archaeological / psychological – has its analogy in a theme: appearance, absurdity, still life, and illusions.

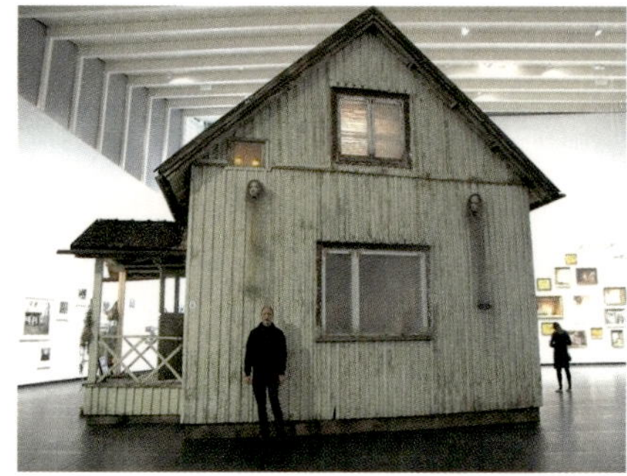

The titles of the series *Shadow Chamber* (2005), *Boarding House* (2009), *Asylum of the Birds* (2014), and *Theatre of Apparitions* (2016) also refer to this spatial metaphor. Ballen seeks to turn places into sites of transformation, where – or through which – something about the human psyche emerges. Here the mind reveals itself undisguised, pure in its despair, absurdity, irrationality, and hidden aspects. These are places of transition and painful knowledge.

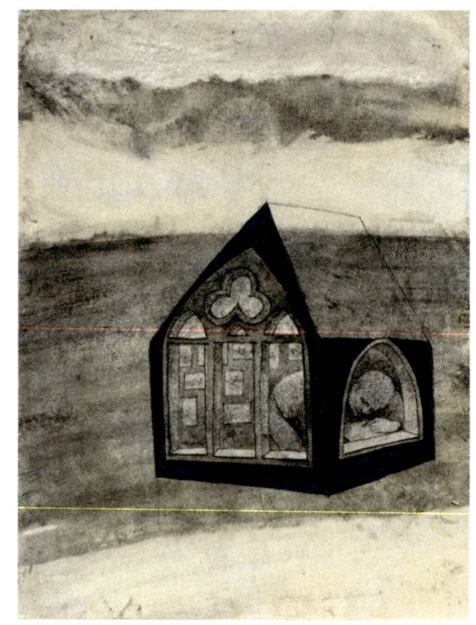

In their reduction to geometric essentials, by contrast, Lemmen's cipher-like dwellings recall the cells of holy sublimation of a biblical Jerome or the minimalist modular architecture in the paintings of the Italian Quattrocento. Christian art is never quite absent, although never intrusively in the foreground; more of a secularised, cleared version in the form of winged cherub heads or an ark – as an image of the utopian coexistence of humans and animals in the face of catastrophe, although the basso continuo of Lemmen's drawing is more likely to be in a major than a minor key; at least a cheerful amazement accompanies the mysteriousness of human action.

Meeting the Caveman is the title of a book of drawings by Hans Lemmen, and one would not be entirely wrong in supposing an ironic self-description of the artist himself behind the figure, one of his favourites. House and studio feature here as his cave and refuge.

In the prehistoric caves of Lascaux, Altamira, and Chauvet we have the first evidence of the human urge to make images, and they remain places of a creative mystery that has lost none of its fascination. The power of these rough traces of cultic veneration, the animal and human figures scratched and drawn onto the walls, have inspired generations of scientists and artists since their discovery. One of the undoubtedly most significant artistic reactions to this primary formula of human creativity is found in the photographic series

préhistoriques, parmi lesquels un biface qu'il a un jour qualifié d'« objet mythique » à ses yeux.[5] La recherche d'un biface étant restée longtemps sans succès, il avait fini par en faire fabriquer un spécialement, auquel il consacra ensuite toute une exposition de dessins et d'objets. Le fait qu'il ait choisi le cristal comme matériau pour la reproduction de cet outil préhistorique, et qu'il ait conféré une aberrante beauté non-fonctionnelle à cet instrument de nos ancêtres, profane mais existentiel, répond à la forme spécifique de sa morphologie poétique.

Lemmen est un artiste inclassable qui ne fait aucun cas des modes ou des tendances, « un artiste qui envoie au monde des images archétypiques dans un flux continu de dessins et de sculptures ».[6] Ses créations semblent provenir du début du xxᵉ ou même du xixᵉ, plutôt que du xxiᵉ siècle. Non parce que la patine artificielle qui les recouvre leur conférerait une distance temporelle avec notre époque, ce qui ne se produit qu'incidemment, mais parce qu'il leur manque un enracinement dans l'esprit du temps, et que les choses dont il traite relèvent foncièrement de la nature. Le monde dans lequel Lemmen opère est marqué par l'être humain, son habitat, l'arbre, l'animal – ce quatuor en est la motivation première. Et chaque objet joue ici un rôle métonymique. Reflet du microcosme dans le macrocosme.

    Ballen, diplômé en géologie, mentionne souvent l'analogie entre la géologie et la photographie, la production d'images comme une activité analogue à une fouille dans des couches profondes de la psyché humaine. La logique et la structure d'un monde organisé en strates appartiennent aussi bien à l'univers du géologue qu'à celui de l'archéologue. Ce sont des modèles d'espaces qui doivent mettre en évidence, comme l'*Ars memoriae* qui faisait appel à des constructions architecturales, un théâtre de la mémoire – le cerveau comme labyrinthe et cabinet de curiosités, modèle d'un monde gouverné par des systèmes d'organisation et des taxinomies diverses et concurrentes – micro- et macrocosme ici encore.

    Alors que Lemmen recourt à des paysages, à des espaces picturaux ouverts, d'apparence quelquefois indéfinie, à une Arcadie agreste remembrée, ponctuée de pylônes électriques, l'univers de Ballen est fait d'espaces clos et sans fenêtres/ aveugles. Ce monde claustrophobe est une scène, un sanatorium ou une prison. L'espace comme métaphore de la raison humaine est un motif constant, comme en témoignent le livre « House Project », réalisé par Ballen avec l'auteur Didi Bozzini, ou la maison, en Finlande, mise en scène comme une 'installation totale'. Chaque élément de cette maison ou, si l'on veut, chaque strate trouve – d'un point de vue géologique / archéologique / psychologique une analogie dans un thème : apparences, absurdité, nature morte et illusions.

Les titres des séries *Shadow Chamber* (2005) *Boarding House* (2009), *Asylum of the Birds* (2014), *Theatre of Apparitions* (2016) renvoient également à cette rhétorique spatiale. Les lieux de Ballen sont des sites de métamorphoses dans lesquels –

5 Par Hans Lemmen, *Lithomania*, Waltwilder 2002, p. 156
6 Ibid. p. 12.

Graffiti, by Brassaï, which was created between 1933 and 1956 and documents the drawings on the walls of the city of Paris. The article accompanying the photographs was entitled 'From Cave Wall to Factory Wall' and was first published in 1933 in the journal *Minotaure*, the mouthpiece of the surrealists. It made exactly this connection between people of the present and those of prehistory.

'The stone age is a state of mind, and it is the imagination of a child that brings the intensity of life to the chippings of flint.'[7]

Brassaï's graffiti book was intensively reviewed and was often reprinted, most recently in 2016 by Flammarion in Paris.[8] An artist who had a particular interest in graffiti was Jean Dubuffet, who felt they illustrated a form of non-intellectual art, as he described it in his concept of *art brut*. For him, as for artists of later generations, such as Tàpies and not least Ballen too, graffiti as documented by Brassaï documented modern people's link to their origins.

Ballen has used his form of graffiti since the late 1960s. At first it was his protagonists who scribble on the walls of buildings; later he would himself create drawings that became part of his backgrounds. The wall, says Ballen, is like the stage before the actor enters it.

The Modern Caveman – Themroc

In 1973 Claude Faraldo directed the film *Themroc*, which describes with anarchic light-heartedness the collapse of the facade of civilisation. In the literal sense of the word. The house painter Michel Piccoli breaks out of the routine of his monotonous, time-clock-controlled work and withdraws to his cave of an apartment, where he tears down the wall to the street and in a cheerfully stone-age manner throws all the trappings of civilisation overboard to indulge, grunting (the film does without language), in incest and every other breach of taboo. He undergoes a complete regression, which spreads like a virus to the

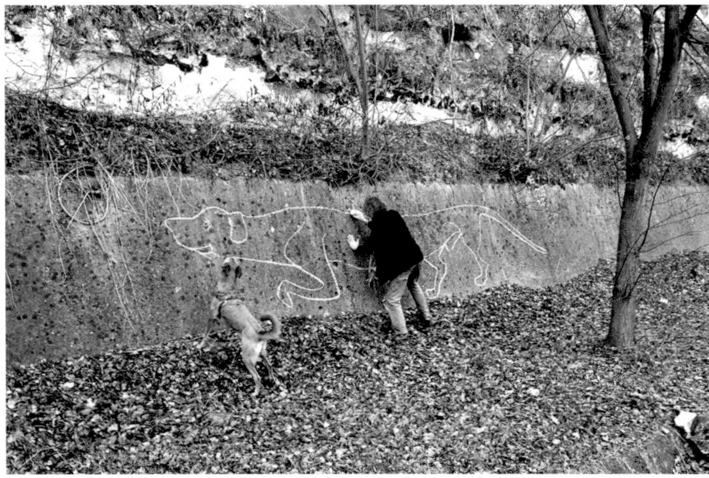
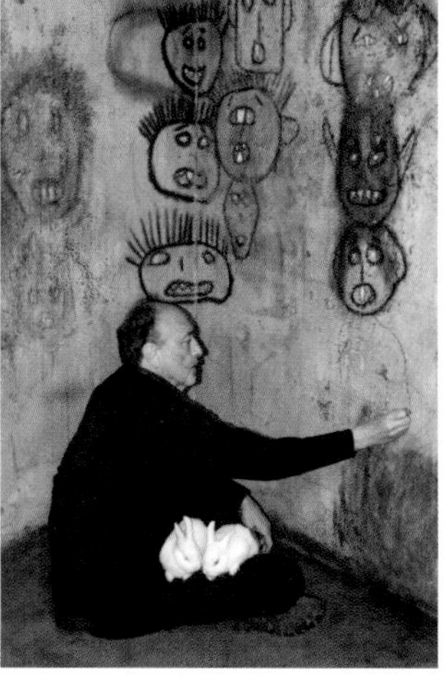

7   Translated from Brassaï, 'Du Mur de cavernes au mur d'usine', in *Minotaure* 3-4, (12 December 1933), p. 6.

8   Brassaï, *Grafitti: Le Langage du Mur*, exh. cat. Centre Pompidou, Paris, 2016. The text also appears in English in Alain Sayag and Annick Lionel-Marie (eds.), *Brassaï: No Ordinary Eyes*, trans. J. Benton and H. Mason, London, 2000, p. 292.

Graffiti
De la série / from the series VII
'La Mort' (1933–1956), Brassaï

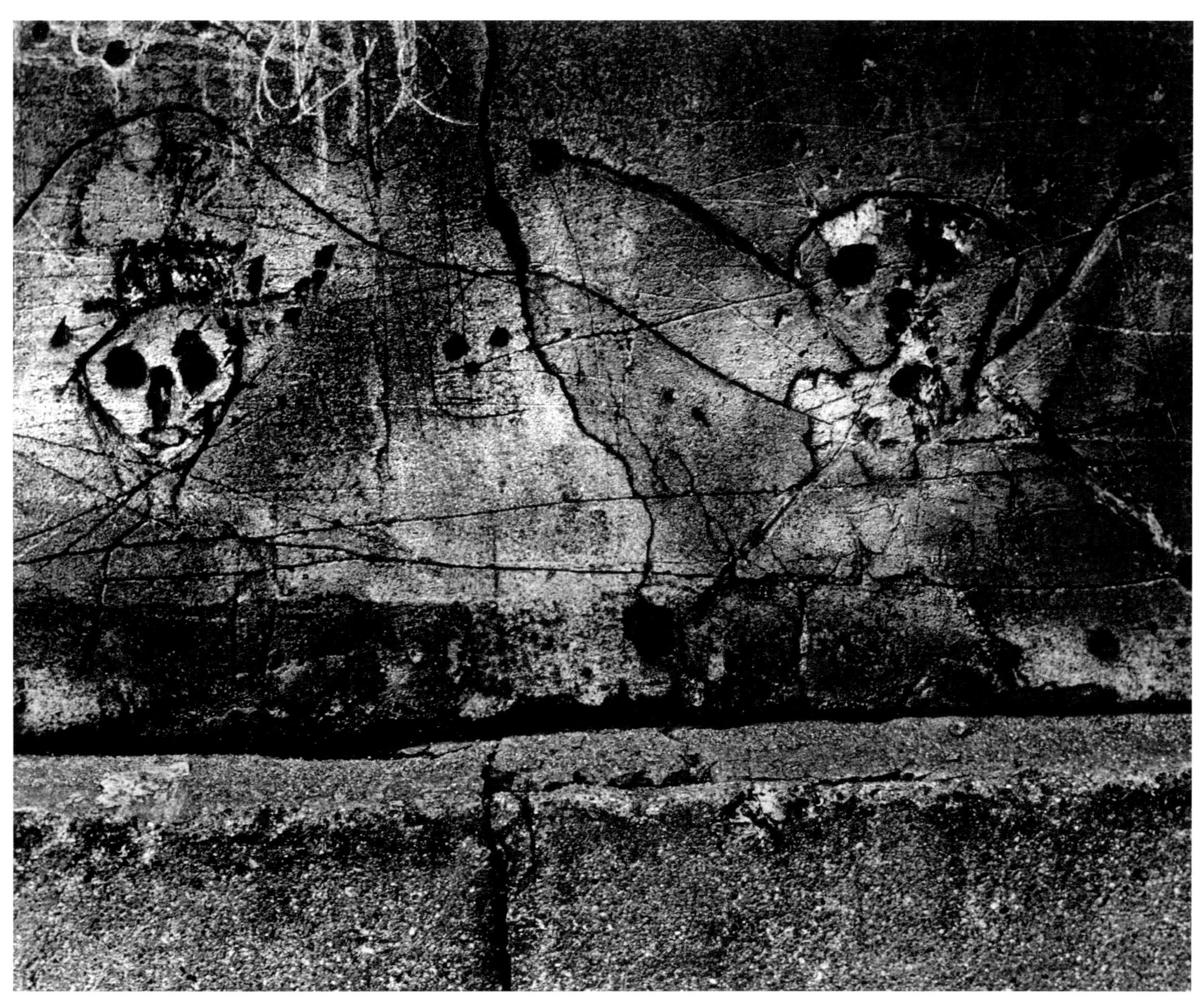

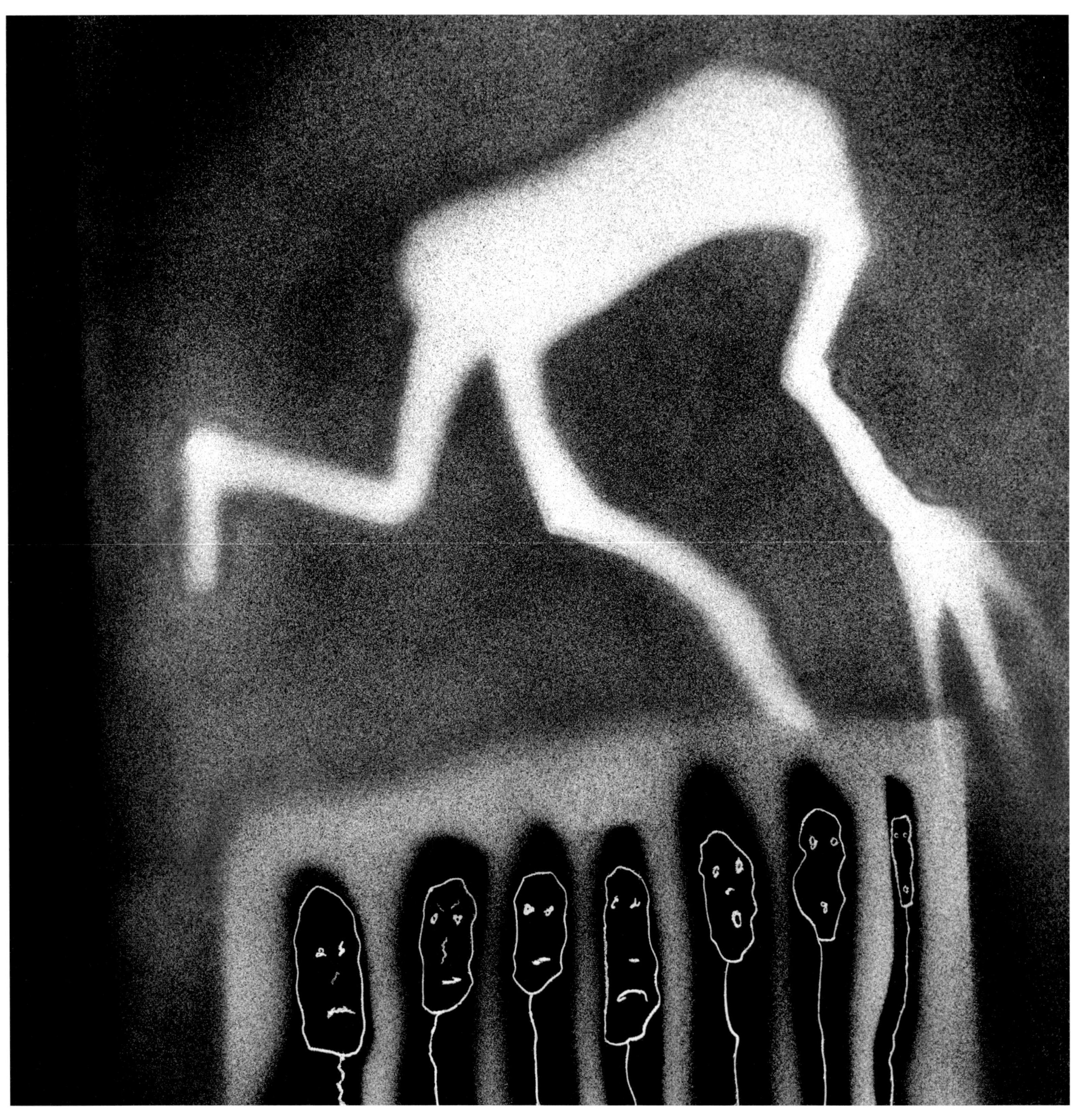

 / Roger Ballen / Nightwalker (2009) / 50 × 50 cm

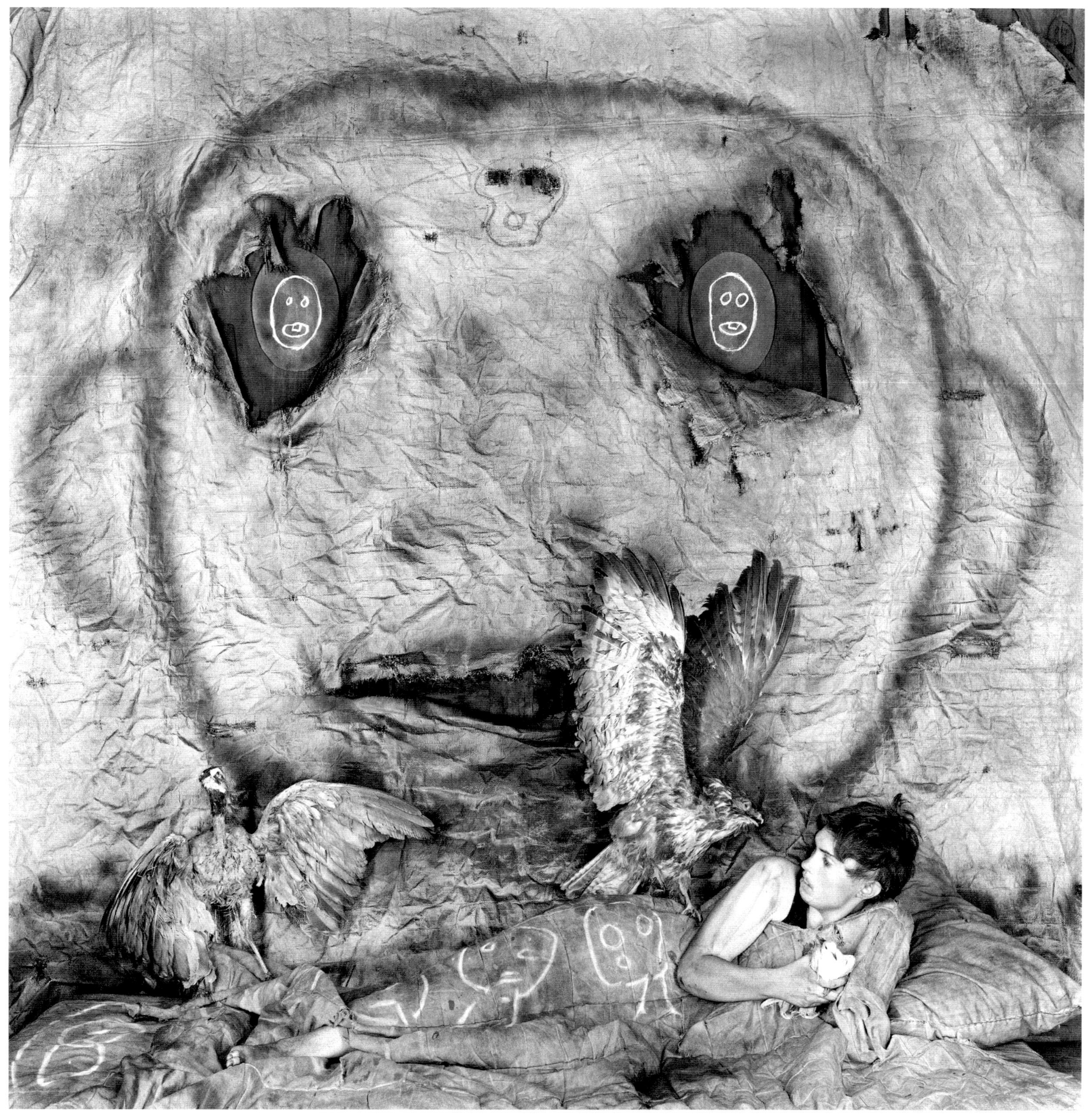

47 / Roger Ballen / Threat (2010) / 60 × 60 cm

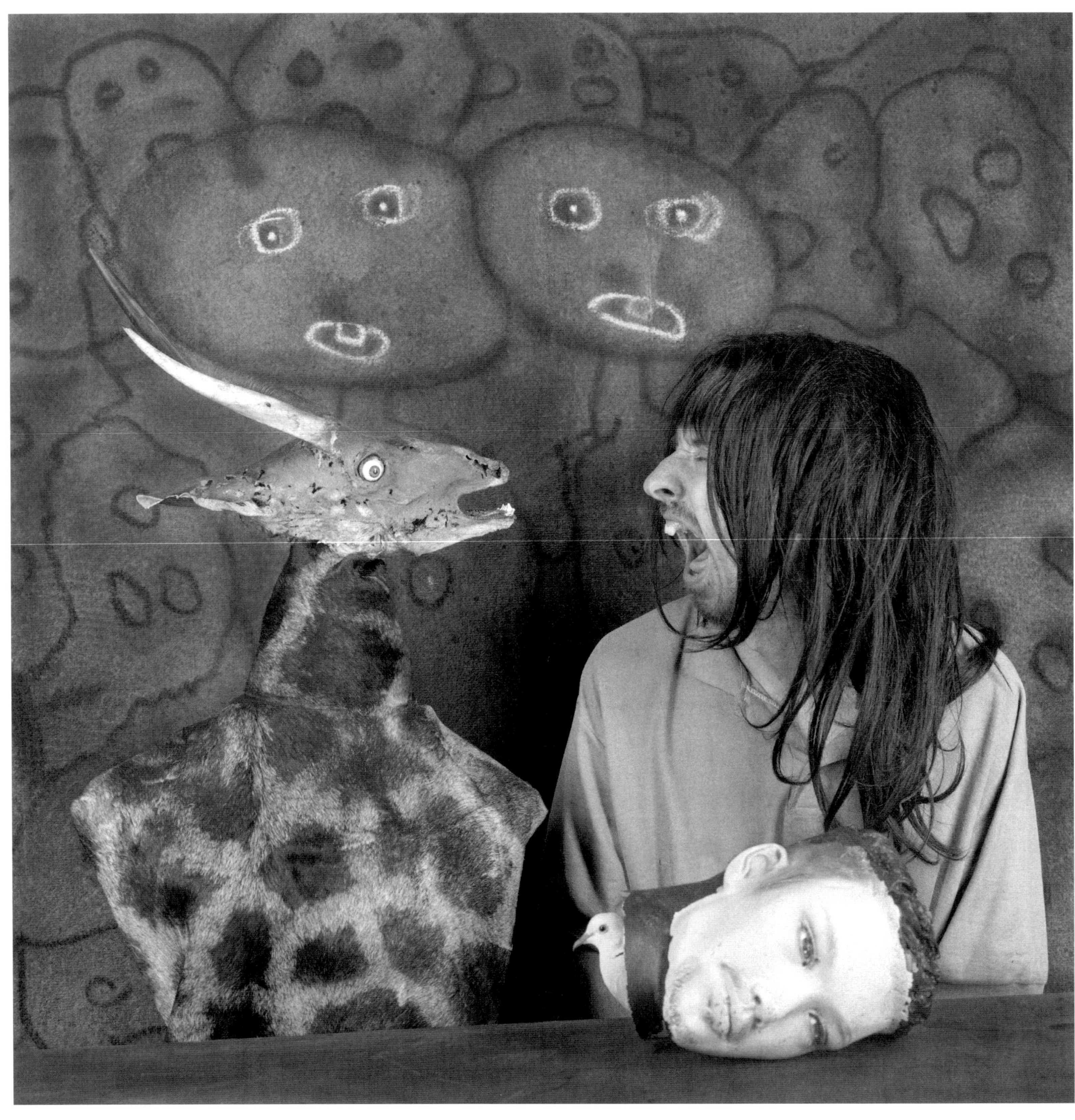

 / Roger Ballen / Altercation (2012) / 60 × 60 cm

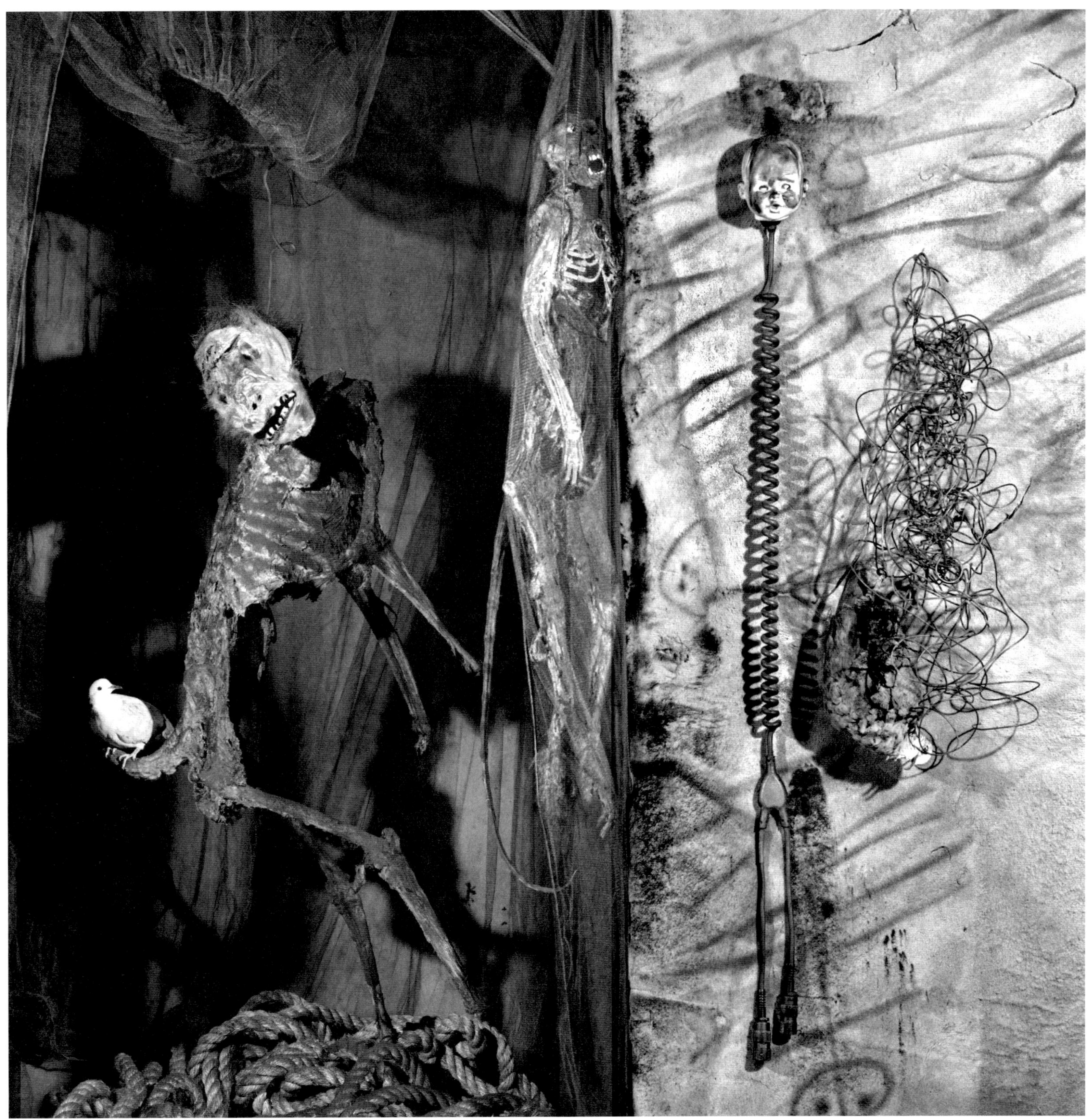

49 / Roger Ballen / Encounter (2009) / 60 × 60 cm

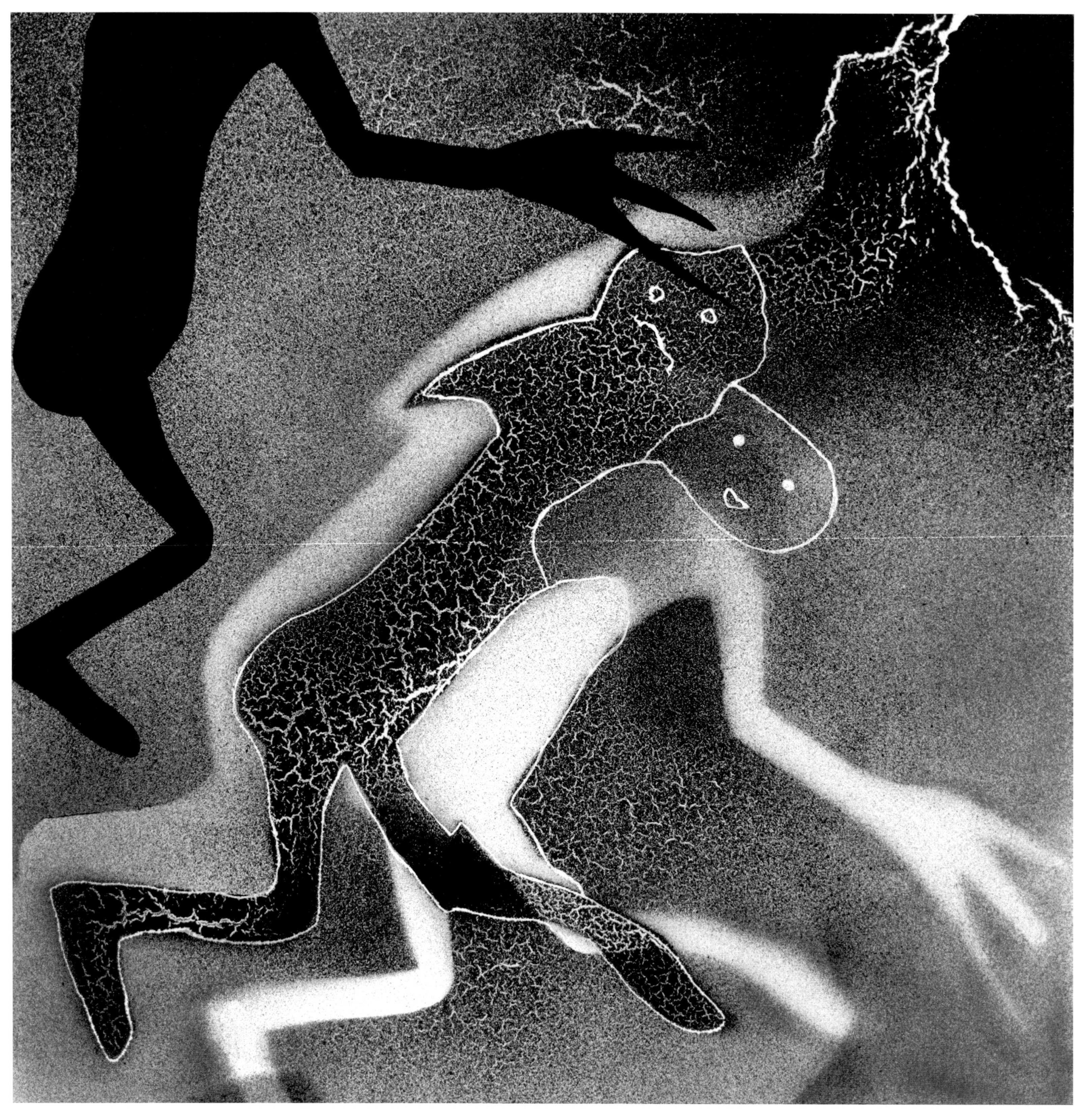

50 / Roger Ballen / Desperados (2009) / 50 × 50 cm

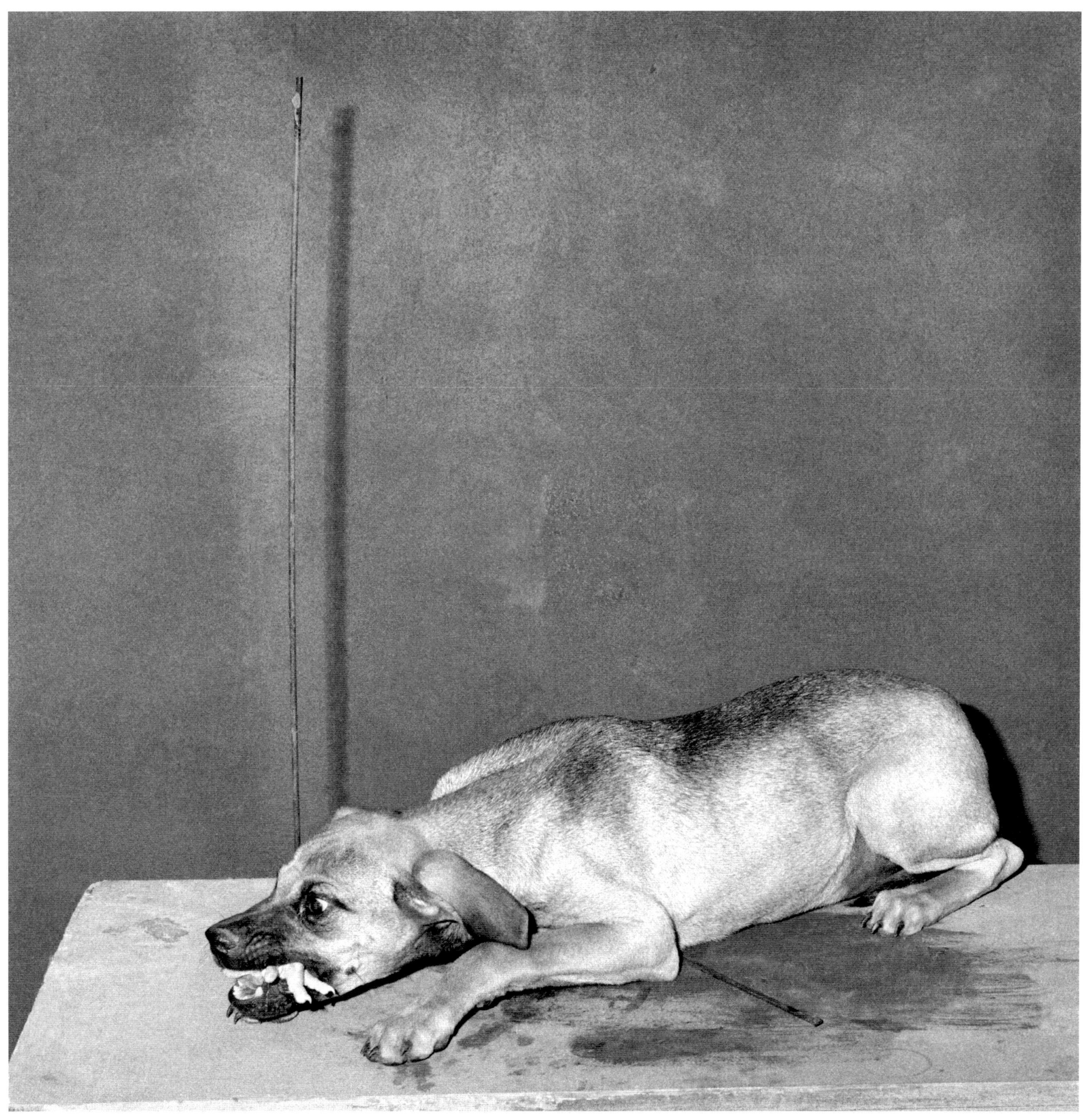

51 / Roger Ballen / Hungry dog (2003) / 40 × 40 cm

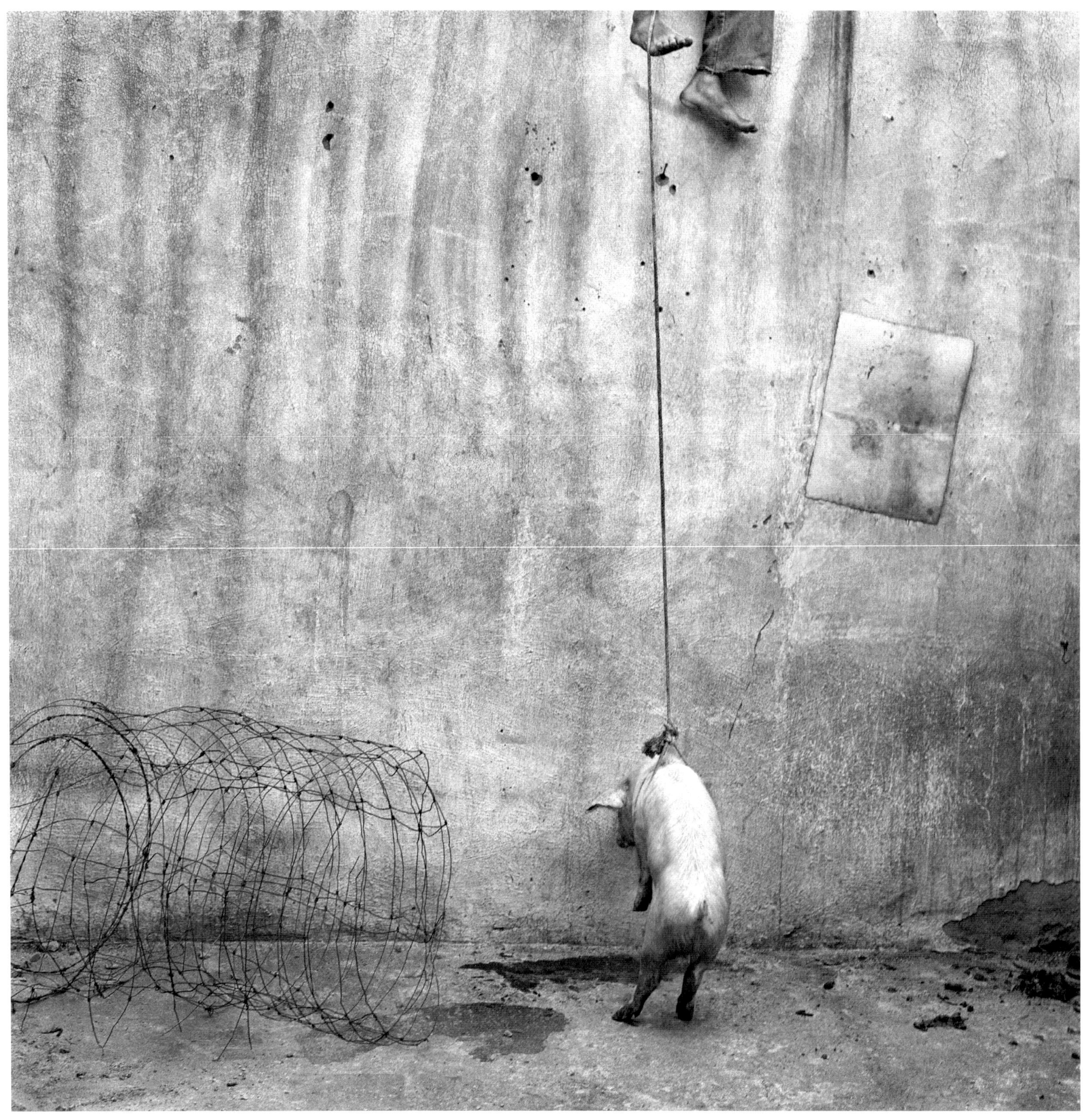

 / Roger Ballen / Hanging pig (2001) / 40 × 40 cm

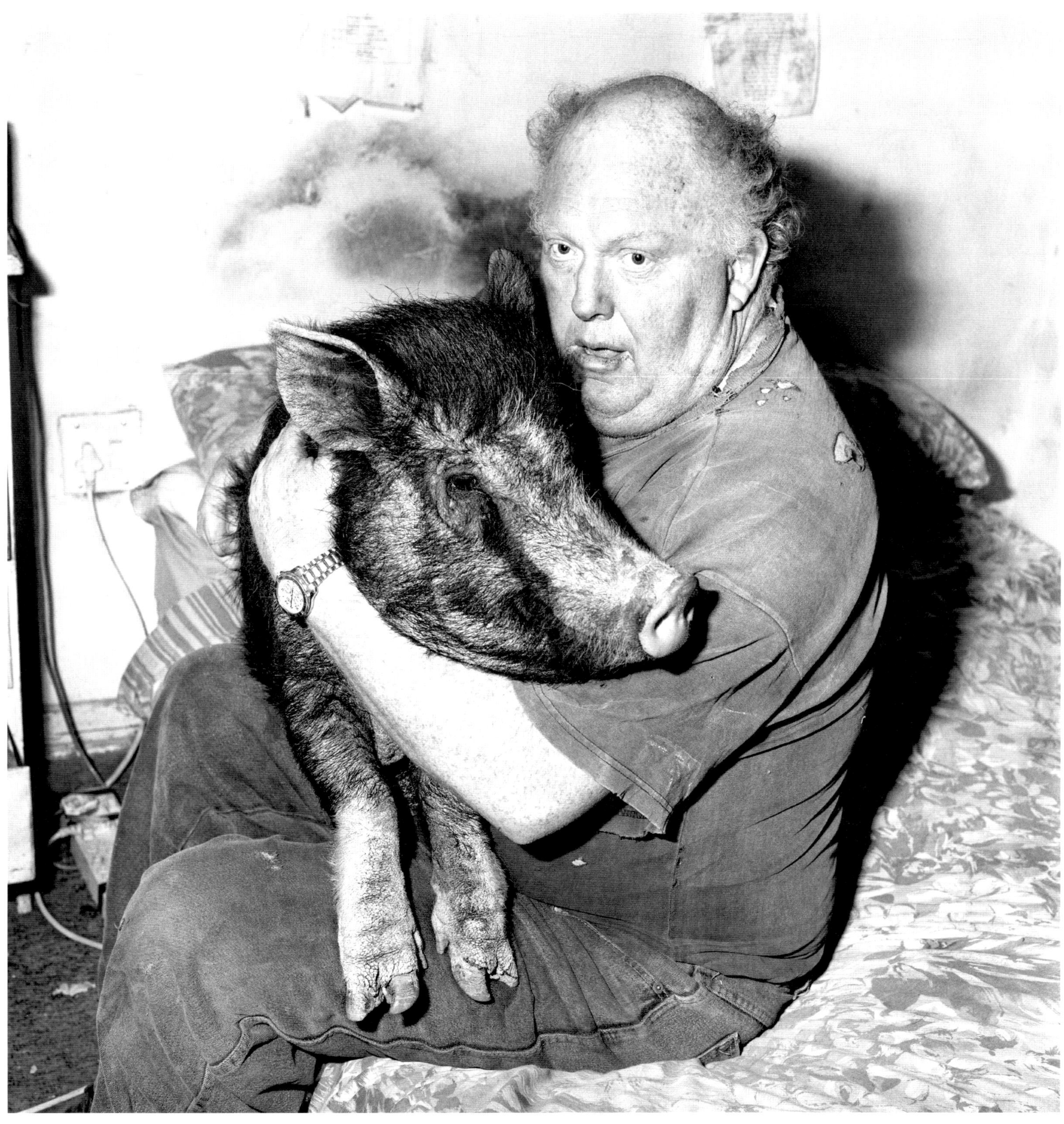

53 / Roger Ballen / Brian with pet pig (1998) / 40 × 40 cm

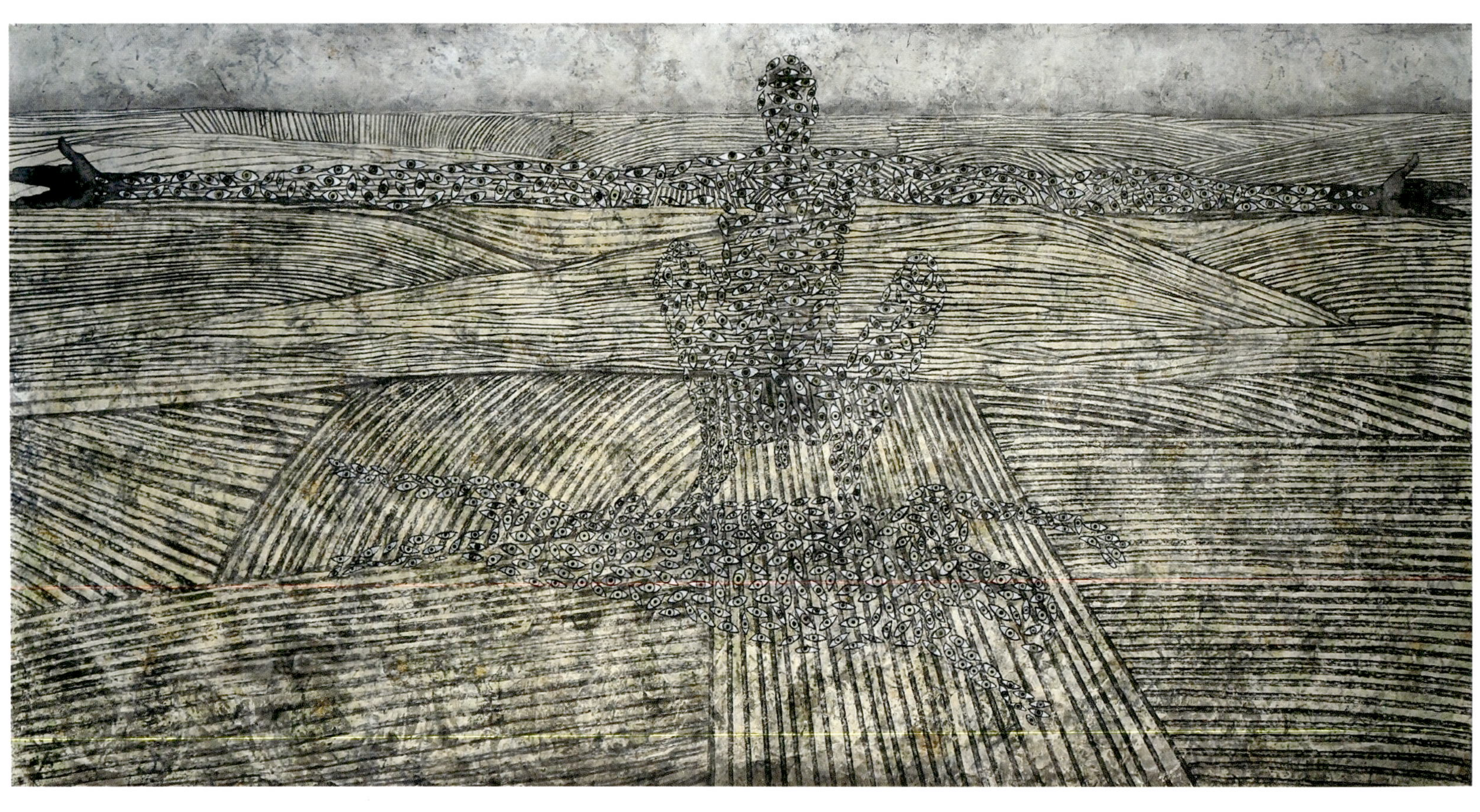

54 / Hans Lemmen / Untitled (2016) / 300 × 155 cm

à travers lesquels – transperce quelque chose de l'âme humaine. Des lieux dans lesquels la raison se montre à découvert dans tout son désespoir, son absurdité, son irrationalité, dévoilant des aspects jusque-là dissimulés. Les lieux du transfert, de la connaissance douloureuse.

Les habitacles codés de Lemmen rappellent au contraire, dans leur réduction à l'essentiel géométrique, les cabinets d'étude où saint Jérôme s'adonne à la sublimation sacrée de la *vita contemplativa* ou les architectures minimalistes modulaires dans les tableaux des maîtres italiens du Quattrocento. L'art chrétien n'est jamais absent, même s'il n'est pas intrusif et prééminent. Dans une version profane épurée, sous la forme de putti ailés ou d'une arche, il vient en tant qu'illustration d'une vie utopique où l'homme et l'animal sont réunis face à la catastrophe. La basse continue des dessins de Lemmen est dans la plupart des cas moins accordée en mode mineur qu'en mode majeur, le caractère énigmatique de l'action humaine s'accompagnant toujours d'un joyeux étonnement.

Le titre d'un livre illustré par Hans Lemmen annonce « La Rencontre avec l'Homme des cavernes ». Ce dernier n'est pas seulement un motif privilégié de son art, mais aussi une auto-description ironique de l'artiste en personne. La maison et l'atelier figurant alors sa caverne, son refuge.

Les grottes préhistoriques de Lascaux, Altamira et Chauvet livrent les premiers témoignages du désir de figurer des hommes. Elles restent aujourd'hui les lieux d'un mystère de la création qui n'ont rien perdu de leur fascination. Les corps des bêtes et des hommes et des hommes dessinés et gravés sur les parois des cavernes n'ont cessé d'inspirer les chercheurs et les artistes depuis leur découverte. L'une des réactions artistiques sans doute les plus marquantes en écho à cette forme originelle de créativité humaine est la série de photographies « Graffiti » de Brassaï, réalisée entre les années 1933 et 1956, qui reproduit des dessins muraux sur les façades d'immeubles parisiens.

« Du mur des cavernes au mur d'usine » est le titre du texte qui accompagnait ces photos de Brassaï, parues pour la première fois en décembre 1933 dans la revue *Minotaure*, organe central des Surréalistes. Il présentait exactement ce lien entre l'homme du présent et celui de la préhistoire.

« …l'âge de la pierre est un état d'esprit et c'est la compréhension de l'enfance qui apporte aux éclats de silex l'éclat de la vie. »[7]

Le livre de graffitis de Brassaï a connu de nombreuses recensions et rééditions, la plus récente ayant paru en 2016 aux éditions Flammarion à Paris.[8] Jean Dubuffet compte parmi les artistes qui ont accordé un grand intérêt aux graffitis parce qu'ils illustrent pour lui une forme artistique anti-intellectuelle, comme il le décrit dans son concept de l'art brut.
Pour lui, comme pour des artistes des générations suivantes, tels que Tapiès, mais aussi Ballen, les graffitis comme ceux photographiés par Brassaï, sont un lien qui relie l'homme moderne à ses origines.

7 Brassaï, 'Du Mur des cavernes au mur d'usine', in *Minotaure* 3-4, (12 décembre 1933), p. 6.
8 Brassaï, *Grafitti, Le Langage du Mur*, cat. d'exp. Centre Pompidou, Paris 2016.

other residents of the building and on the micro-level begins to undermine bourgeois society. The film develops an unsettling impact, which it has retained to this day, that is solely cushioned by its grotesque humour. The loss of control, the sudden outbreak of an atavistic reversal, and the abolition of all civilising values draws the absurdly bizarre image of a society slipping through anarchy into dystopia.

At first sight, Lemmen and Ballen's *Unleashed* scenes appear to have little in common with the brutish social criticism of the 1970s, despite its model of a (utopian) regression taken to extremes, and above all the refusal of a civilising order, being central to their works.

'I'm not someone who describes the social, political, cultural world, but someone who describes the inner mind, the psyche,'[9] says Ballen, and to a certain extent this also applies to Lemmen, with his poetically sceptical view of the human being as an animal without fur.

But the question of alterity, in a binary opposition (civilisation–nature / human–animal / rationality–instinct) still remains open, and can't be brought to a conclusion.

Human – Animal

What we know about [the early Paleolithic people] enables us to say that they knew what animals do not know: that they would die[10] – Georges Bataille

There is no doubt that the relationship between human and animal, and how it is reflected in the history of thought, underwent a deeply decisive break with the first publication of Darwin's *On the Origin of Species* in 1859, following which a wide variety of discourses examined this now newly seen paradigm.[11] The huge tremor that Darwin unleashed should not be underestimated; it shook the foundations of the humanist and anthropological self-image. The Austrian writer Hermann Bahr wrote in 1909 that the human being had now become an animal: 'It used to be natural history, now it is a family history.'[12] Sigmund Freud even went as far as to speak of an 'affront to the human self-image by Darwin'.[13] If human beings had once been driven from Paradise, it now seemed as if the animals had followed and an earthly vale of tears was once again held in common. The discourse around the animal is now interestingly in vogue again, and some people are already proclaiming the end of anthropocentrism.

The animal theme as dealt with by Ballen and Lemmen can hardly be integrated into a theoretical debate or socio-historical superstructure such as this, at least not without taking the specific feature and idiosyncrasies of the two artists into account. For Lemmen, respect for the animal seems to be a central category.

9 Translated from Michael Köhler, 'Ein Gruselkabinett aus Verwirrten und Vernachlässigten', inteview, Deutschlandradio Kultur, 25.3.2016.

10 Georges Bataille, *The Tears of Eros*, trans. Peter Connor, San Francisco, 1989, p. 23.

11 Patrick Ramponi, Jenny Willner, 'Nachdarwinistische Obsessionen: Eine Vorgeschichte der Human-Animal Studies', in Ramponier, Ortlieb, Willens (eds.), *Das Tier als Medium und Obsession: Zur Politik des Wissens von Mensch und Tier um 1900*, Berlin, 2015, p. 11.

12 Translated from Ramponi/ Willner.

13 In his essay 'A Difficulty of Psychoanalysis' (1917), Freud speaks of the three affronts to human beings: the cosmological by Copernicus, the biological by Darwin, and lastly the psychological by himself.

Ballen a recours à sa propre forme de graffitis depuis la fin des années 1960. Ce furent d'abord ses protagonistes qui graffaient sur les murs de leurs maisons, plus tard Ballen créera lui-même des dessins qui deviendront une part de ses décors de fond. Le mur, dit Ballen, est comme une scène avant l'entrée de l'artiste.

L'homme des cavernes – Themroc

En 1973, le metteur en scène Claude Faraldo a réalisé avec *Themroc* un film qui décrit, à la lettre, l'effondrement d'une façade de notre civilisation dans une insouciance anarchiste. Le peintre en bâtiment joué par Michel Piccoli rompt avec la monotonie de son travail quotidien rythmé par la pointeuse et se mure dans son appartement-caverne dont il détruit la façade côté cour. Avec une jubilation sauvage, il jette par-dessus bord tout ce qui lui a été inculqué et transgresse les tabous en s'adonnant à l'inceste, au meurtre, à l'anthropophagie, en poussant des grognements de bête (tout le film se passe complètement de notre langage). Il cultive une régression totale, qui se transmet peu à peu à tous ses voisins comme un virus et commence, à un niveau encore restreint, à miner la société bourgeoise. La force dévastatrice qui émane de ce film, amortie par un humour grotesque, conserve tout son effet aujourd'hui. La perte de contrôle, la rupture soudaine d'un renversement atavique et l'abolition de toutes les valeurs civilisationnelles marque de manière bizarre et absurde l'image d'un renversement dystopique de la société par l'anarchie.

Au premier regard, les scènes de l'exposition *Unleashed* de Lemmen et Ballen semblent n'avoir rien de commun avec cette forme de critique sociale grotesque et violente des années 1970, même si le modèle poussé à l'extrême d'une régression (utopique), et surtout d'un refus de l'ordre civilisationnel, occupe une place centrale dans leur travail.

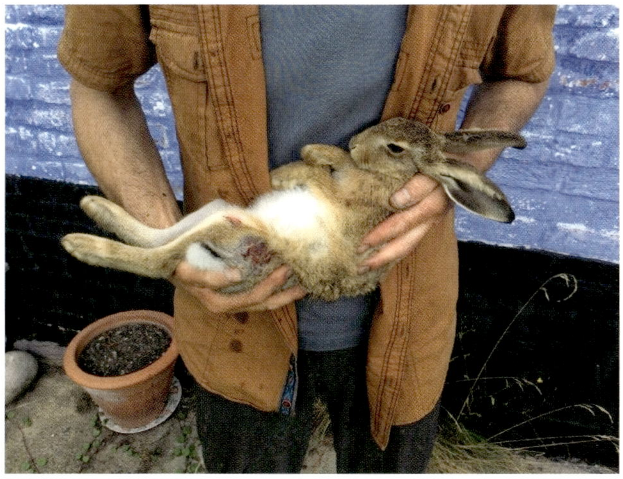
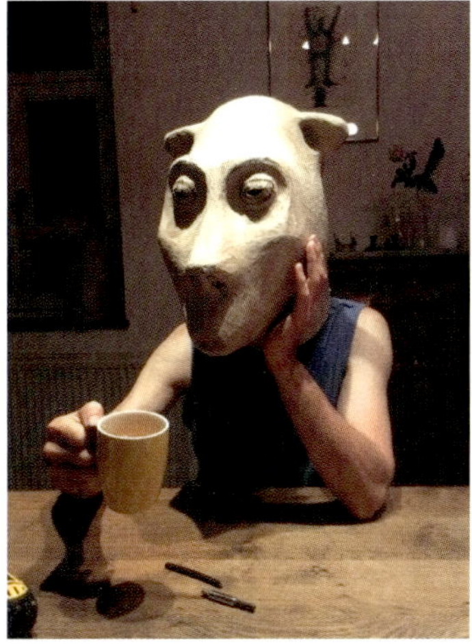
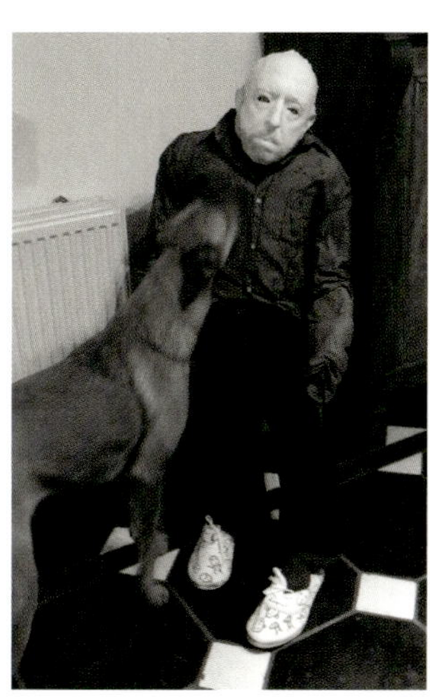

The animal on the one hand as equal companion of the human being, and on the other as the embodiment of human qualities, which has been common since the earliest animal fables or depictions. His attitude is in line with the philosophical tradition that began with Schopenhauer, who dissociated himself from Hegel and Kant in no longer wanting animals to be understood as things, and argued decidedly in favour of an ethics of compassion.

Lemmen has lived for years with his two dogs. They are a self-evident part of his everyday experience. There is a work in which his dogs appear, and it looks just like an ordinary family portrait.

The animals were also integrated into the artistic working process. In order to fill the background of a large sheet of paper with structure, which Lemmen didn't want to determine himself, he had chickens walk through a bowl of ink and then leave tracks on the sheet, thus making them into his tools. This recalls a famous anecdote attributed to the Japanese artist Hokusai which Picasso and Brassaï discussed: 'PICASSO: … I remember only that one day Hokusai made a painting by releasing chickens, I don't remember the circumstances. BRASSAÏ: That happened at the home of a prince who wanted to have a "painting" by Hokusai. The painter had a long scroll of paper unrolled, and drew a few wavy blue lines on it. Then he took the chickens, dipped their feet in red ink and let them run across the paper scroll. And everyone recognized the Tatsuta River, which in the fall washes down crimson maple leaves, similar in shape to chickens' feet.'[14]

Lemmen's drawings are populated by animals of quite different kinds: dogs, of course, birds, deer, beetles, insects, salamanders, primates, lions, wolves, foxes … hybrid creatures, figures with birds' heads which recall Max Ernst's Loplop or the Egyptian hawk-headed deity Horus.

In our cultural perception it makes no difference whether these are imaginary animals, of which Jorge Luis Borges conceived whole catalogues, or real ones. The imaginary creatures have the same potential to give us the shivers, to awaken sympathy and affection or engage our imaginations like the real ones in the wild or the zoo.

The title page of the exhibition shows a reclining figure in an vaguely defined space that is more pictorial than real. The skeleton of a humanoid animal of uncertain species crouches on the chest of the man lying open-eyed on the floor, as if gazing into the distance. The creature's intention and motivation can't be gathered from its posture. Has the man been defeated in a struggle? Is he sleeping with his eyes open, dreaming a waking dream? Is he even dead? Is the creature on his chest a loyally affectionate animal? The scene has something peaceable yet disturbing about it. The skeleton seems to be alive, the two figures in head-to-head proximity. A kiss, a whispered conversation, a last confession?

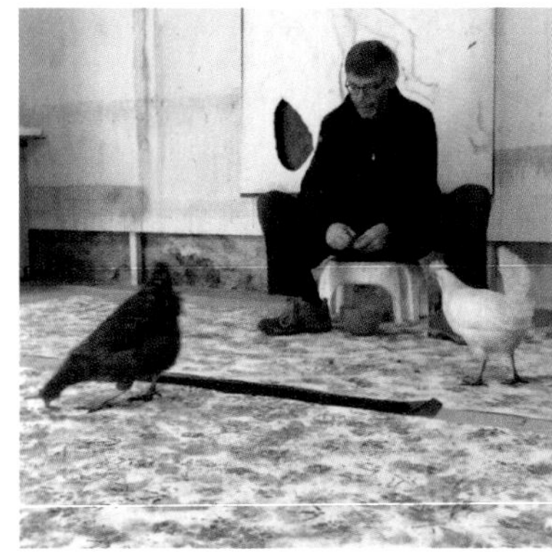

14 Brassaï, *Conversations with Picasso*, Chicago, 1999, pp. 311–312.

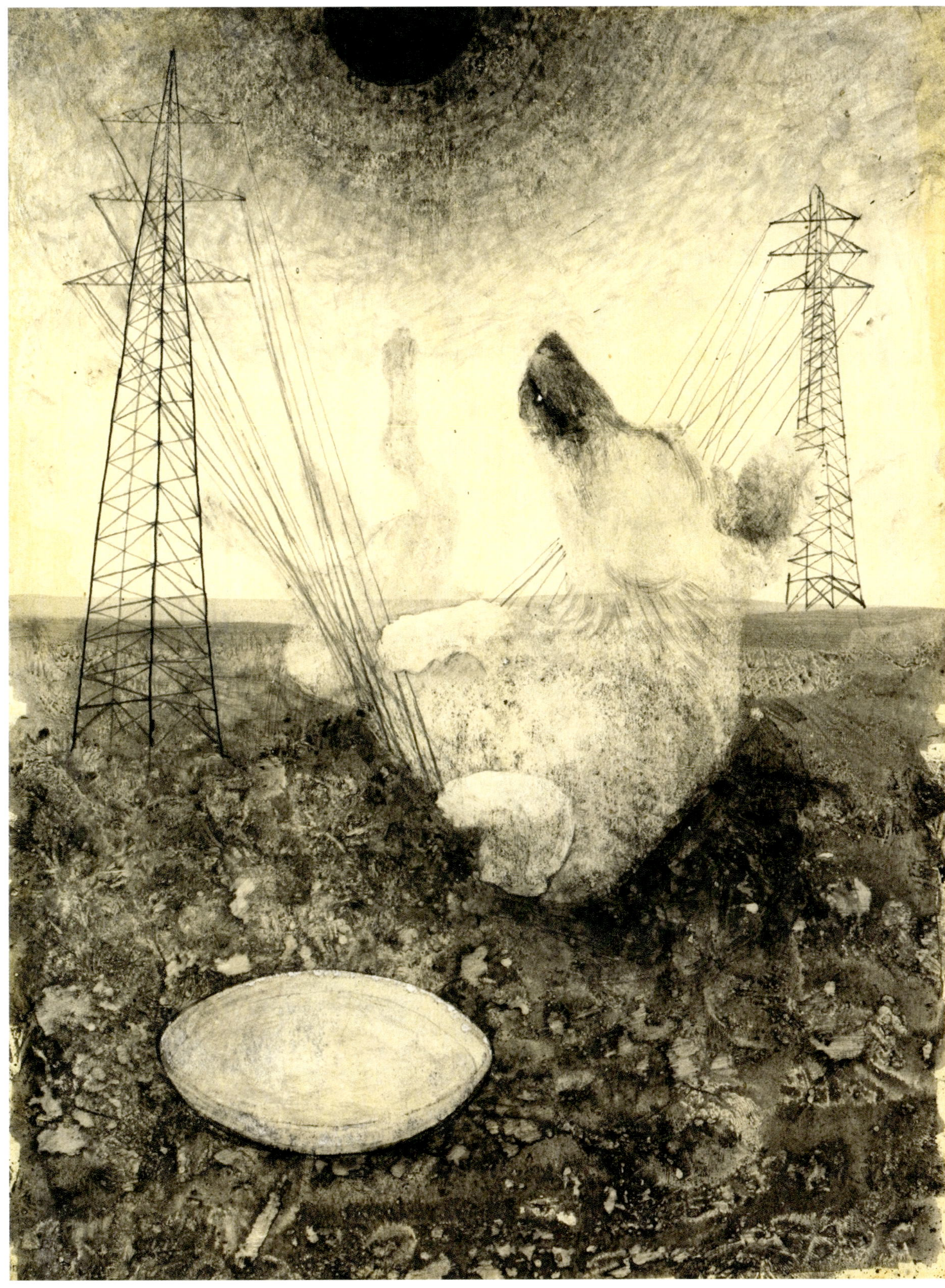

 / Hans Lemmen / Untitled (2015) / 24 × 31 cm

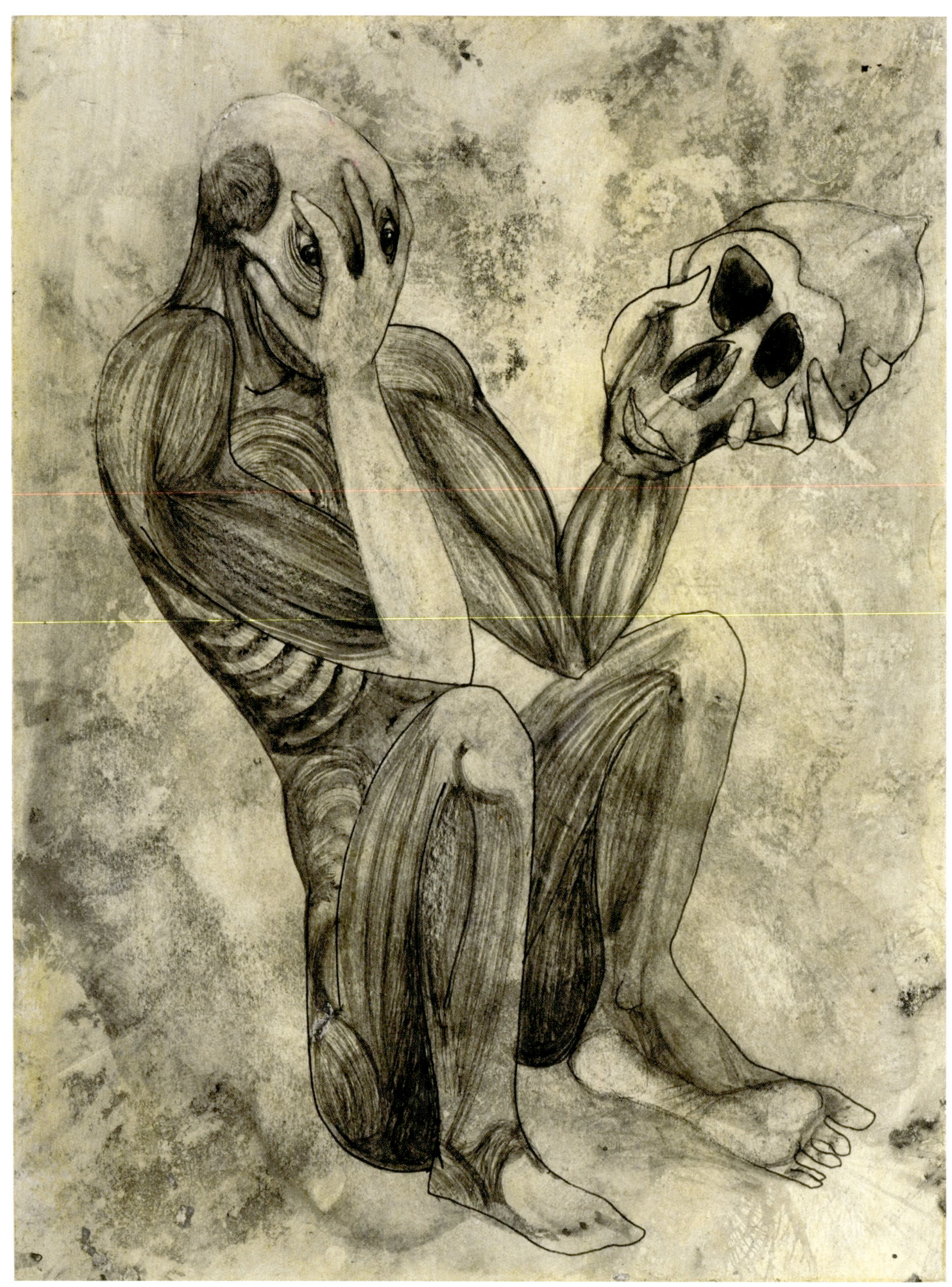

 / Hans Lemmen / Untitled (2014) / 24 × 31 cm

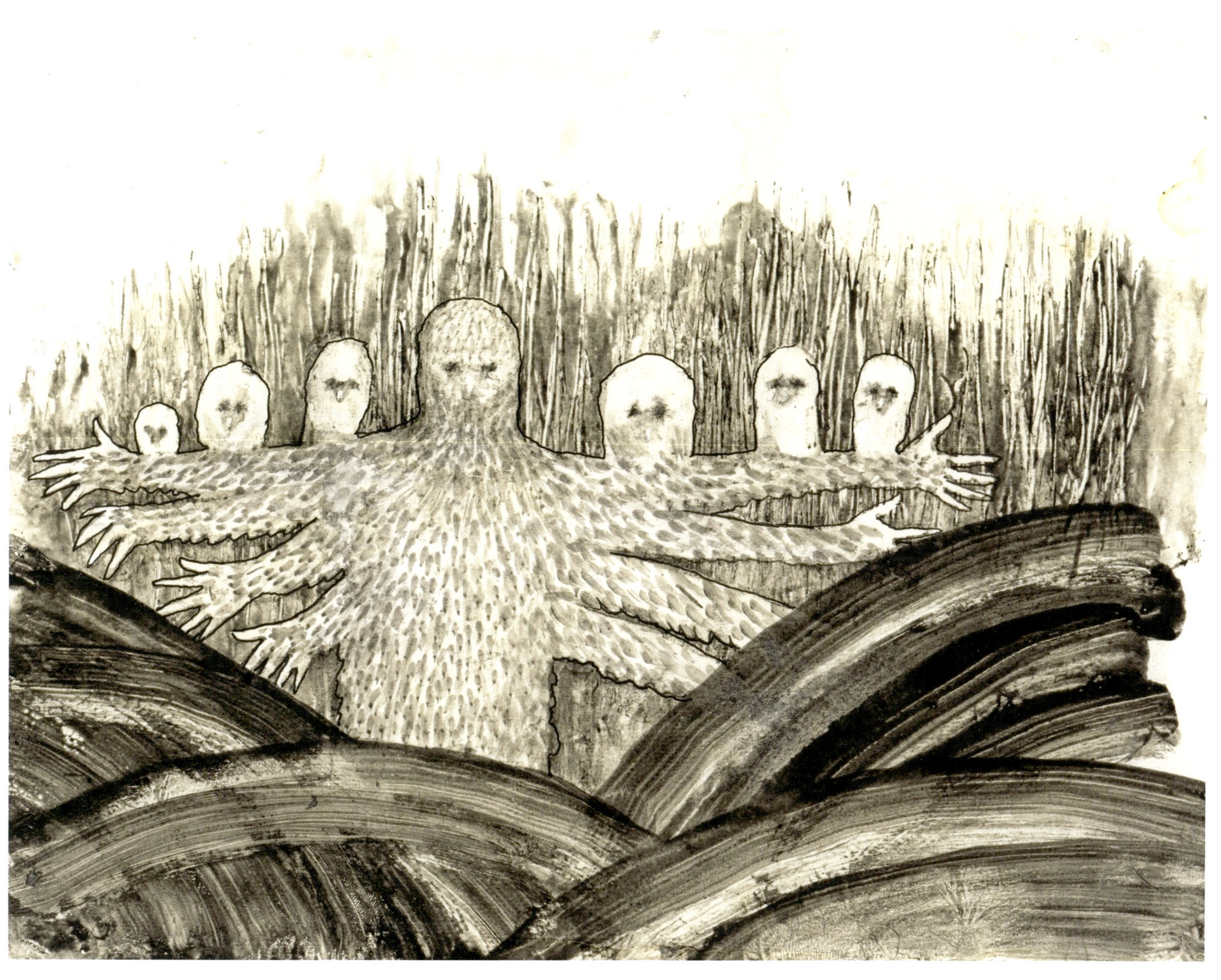

61 / Hans Lemmen / Untitled (2015) / 31 × 24 cm

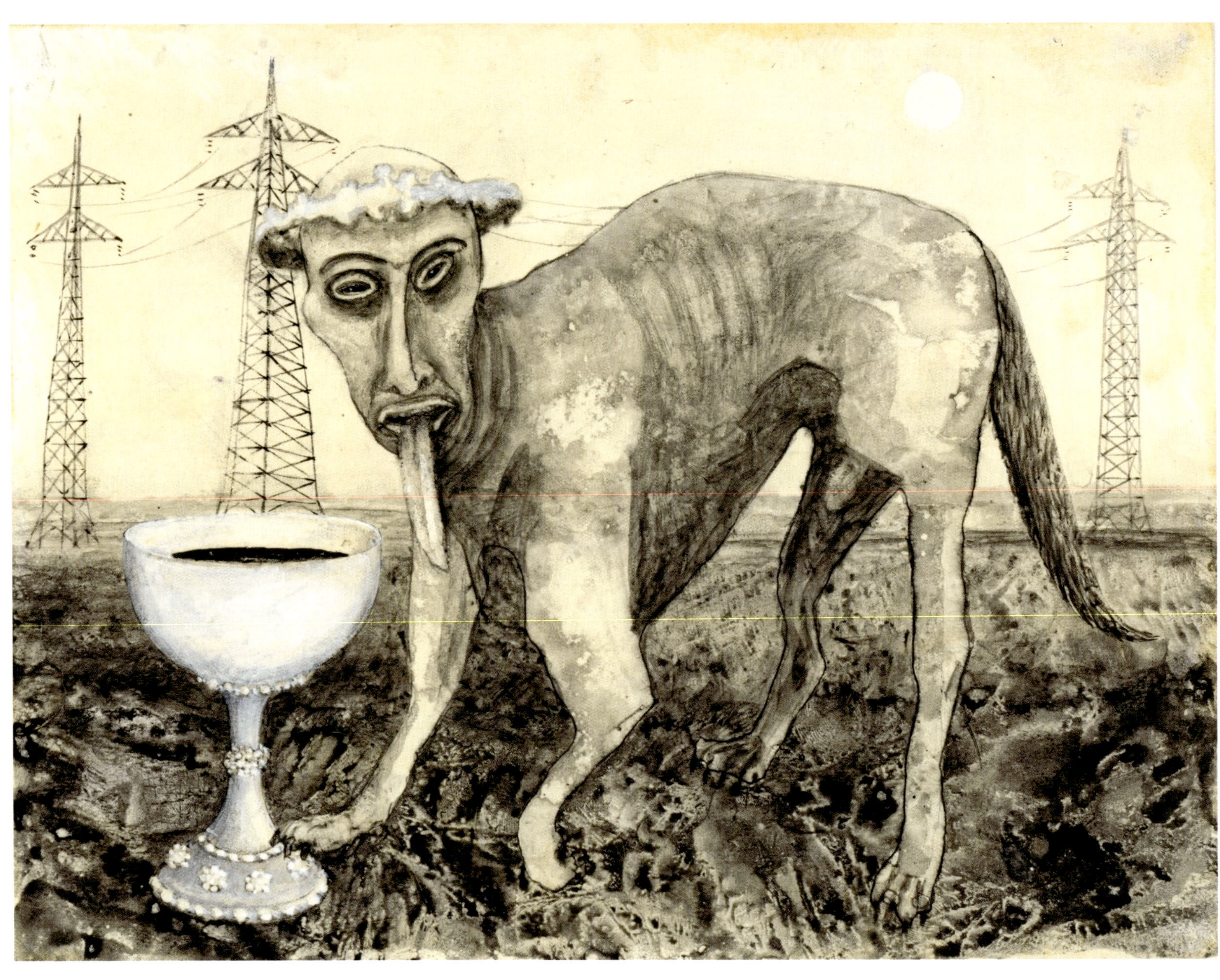

62 / Hans Lemmen / Untitled (2015) / 31 × 24 cm

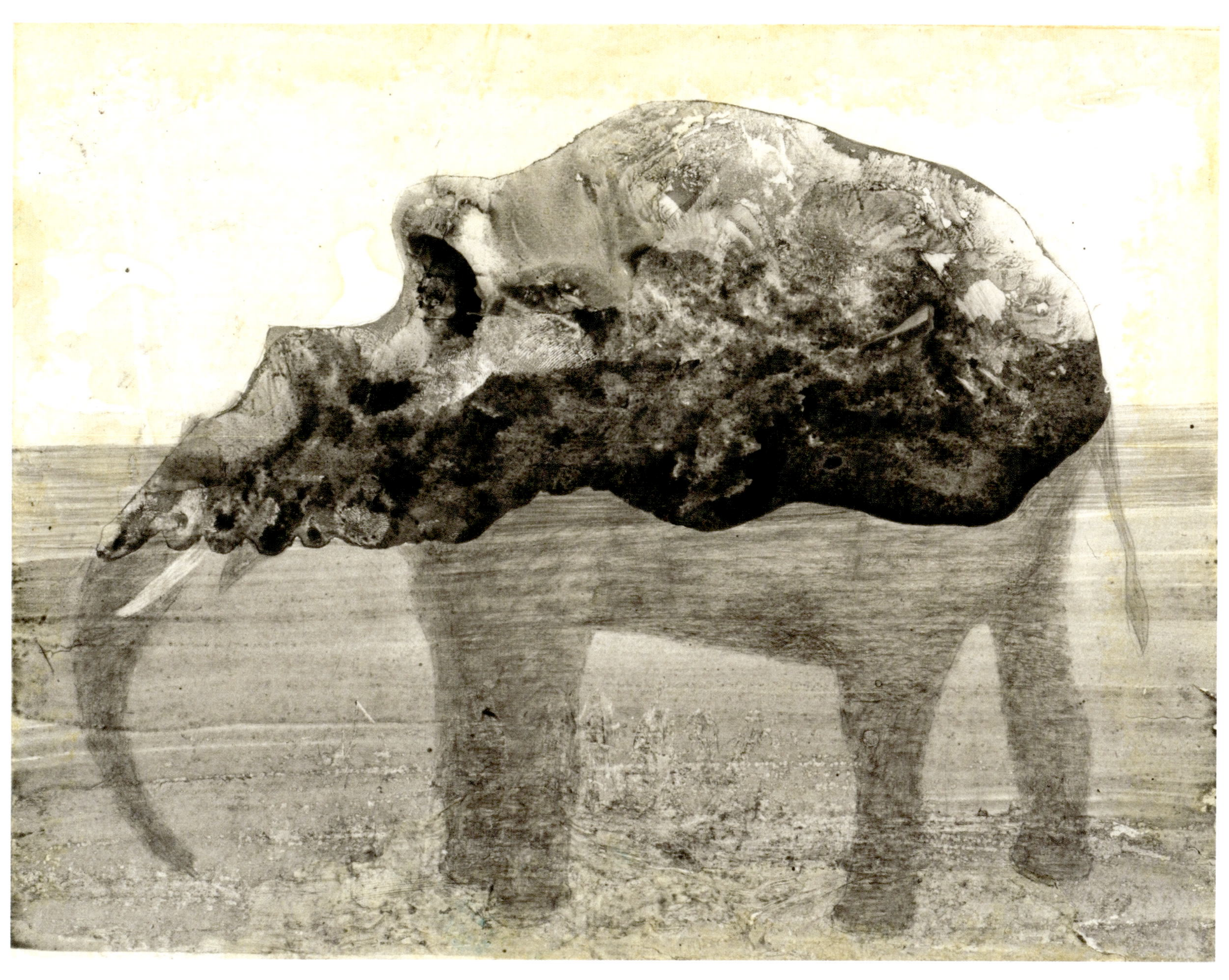

63 / Hans Lemmen / Untitled (2015) / 31 × 24 cm

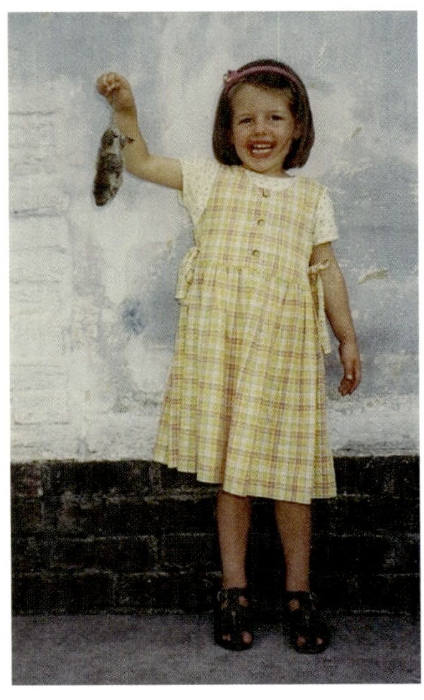

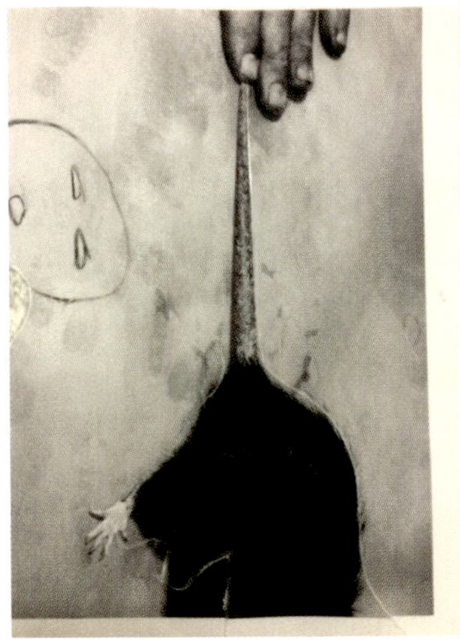

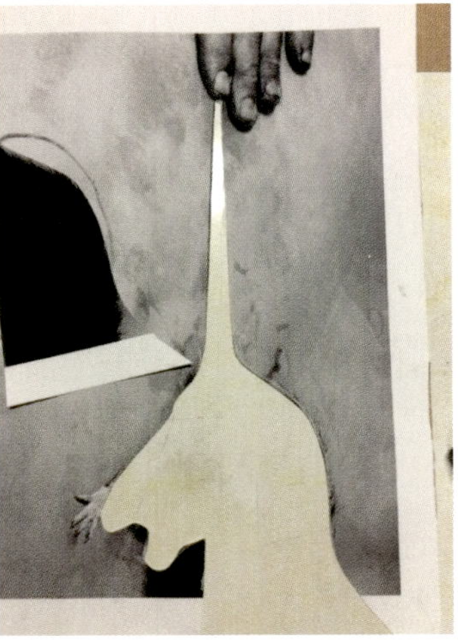

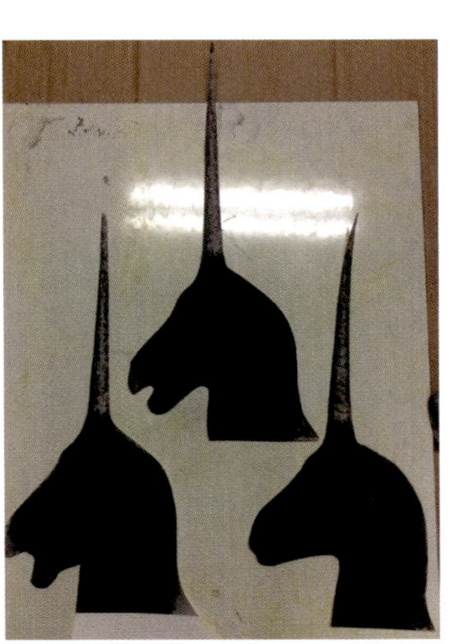

Cut-outs by / par Hans Lemmen

« Je ne suis pas quelqu'un qui décrit le monde social et politique, mais quelqu'un qui décrit l'esprit intérieur, la psyché »[9] dit Ballen, et d'une certaine manière, cela vaut aussi pour Lemmen qui, avec son regard sceptique et poétique, voit dans l'homme un animal sans fourrure.

Mais la question de l'altérité dans une opposition binaire (nature-civilisation/humain-animal/rationalisme-instinct) reste ouverte et ne peut être négociée/débattue une fois pour toutes.

L'homme – L'animal

L'homme est conscient de sa mortalité, c'est la différence fondamentale avec l'animal.[10] – Georges Bataille

Il ne fait aucun doute que le rapport de l'homme à l'animal – tel qu'il se reflète dans l'histoire des idées – a fait l'objet d'une scission décisive avec la première parution de l'ouvrage de Darwin *On the Origins of Species* en 1859, par suite duquel les discours les plus divers sont venus éclairer ce paradigme tout à fait inédit.[11] Le choc énorme suscité par Darwin ne doit pas être sous-estimé, il a violemment secoué les fondements de l'image de soi humaniste et anthropologique. En 1909, l'écrivain autrichien Hermann Bahr écrit : « L'homme était tout à coup devenu animal; ce qui était auparavant une histoire de la nature devenait maintenant une histoire familiale ».[12] Sigmund Freud va plus loin encore en parlant d'une « offense à l'image humaine faite par Darwin ».[13] Les animaux avaient, semble-t-il, suivi l'homme jadis chassé du paradis, et tous deux s'unissaient pour partager la vallée des larmes terrestres. Il est intéressant de constater que le discours sur l'animal connaît aujourd'hui une intensité nouvelle, certains allant déjà jusqu'à proclamer la fin, sans espoir de retour, de l'anthropocentrisme.

Sous la forme qu'elle prend chez Ballen et Lemmen, la thématique de l'animal se laisse difficilement intégrer dans un tel débat théorique ou une construction de l'histoire des idées, du moins pas sans tenir compte des caractéristiques spécifiques et idiosyncrasies qui leur sont propres.

Chez Lemmen, le respect de l'animal semble occuper une place centrale : l'animal en tant que compagnon de l'homme d'une part, et considéré d'égal à égal et apte à incarner ses traits de caractère, comme il était d'usage dans les plus anciennes fables ou représentations. Son approche s'accorde avec les lignes traditionnelles d'une philosophie qui remonte à Schopenhauer, lequel se démarquait de Hegel et de Kant en refusant de considérer les animaux comme des choses et préconisant au contraire une éthique de la compassion.

Lemmen vit depuis des années avec ses deux chiens qui sont inséparables de son expérience du quotidien. Il existe une œuvre dans laquelle tous ses chiens sont figurés comme dans un simple portrait de famille.

9   Traduit par Michael Köhler, 'Ein Gruselkabinett aus Verwirrten und Vernachlässigten', inteview, Deutschlandradio Kultur, 25.3.2016.

10 Georges Bataille, *Les larmes d'Eros*, Paris, 1971, p. 71.

11 Patrick Ramponi, Jenny Willner: 'Nachdarwinistische Obsessionen. Eine Vorgeschichte der Human-Animal Studies', in: Ramponier, Ortlieb, Willens (dir. éd.) *Das Tier als Medium und Obsession. Zur Politik des Wissens von Mensch und Tier um* 1900, Berlin, 2015, p. 11.

12 Cité d'après Ramponi/Willner

13 Dans son texte *Eine Schwierigkeit der Psychoanalyse* (1917), Freud parle des trois offenses éprouvées par l'homme : dans le domaine de la cosmologie avec Copernic, de la biologie avec Darwin et enfin de la psychologie par lui-même.

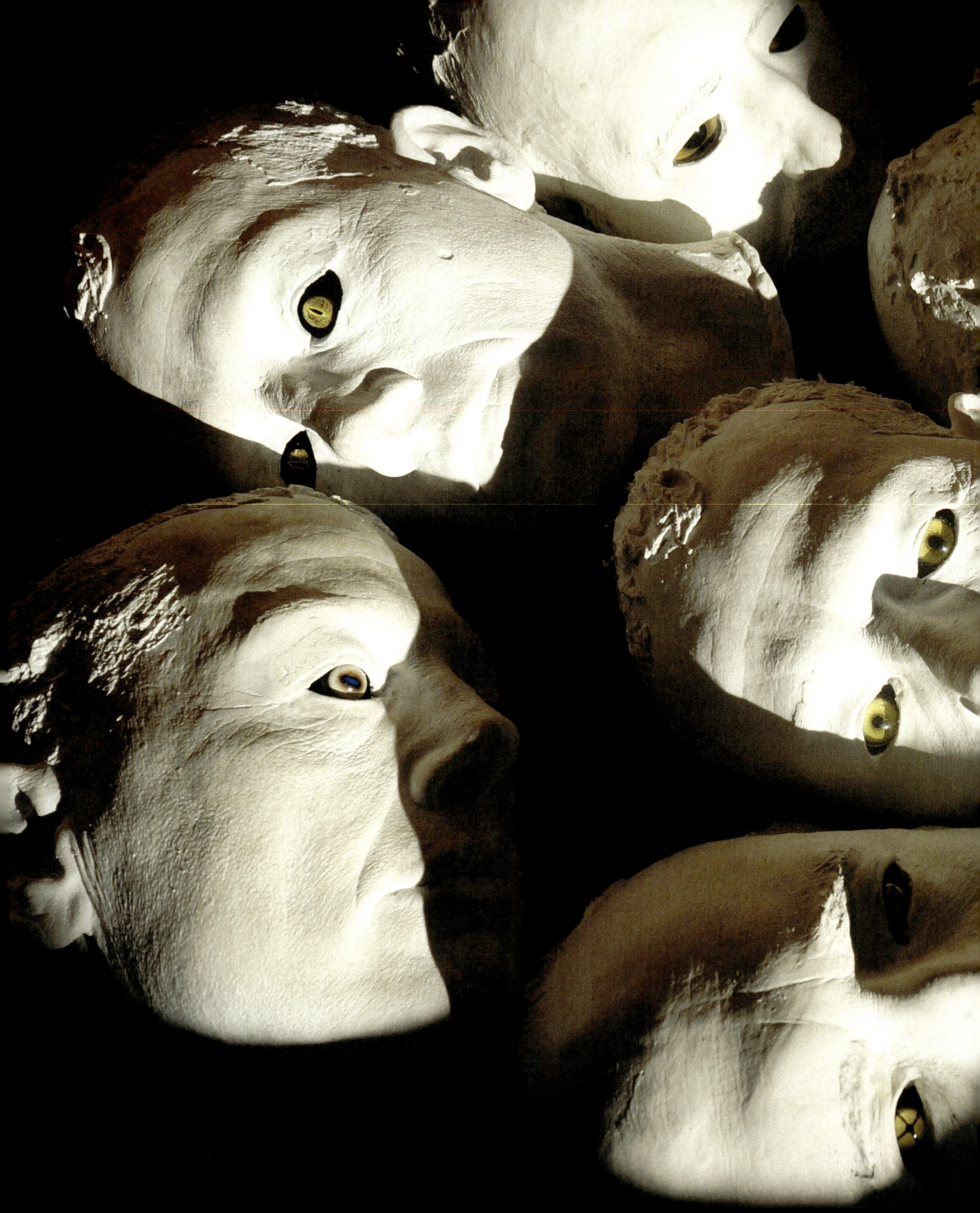

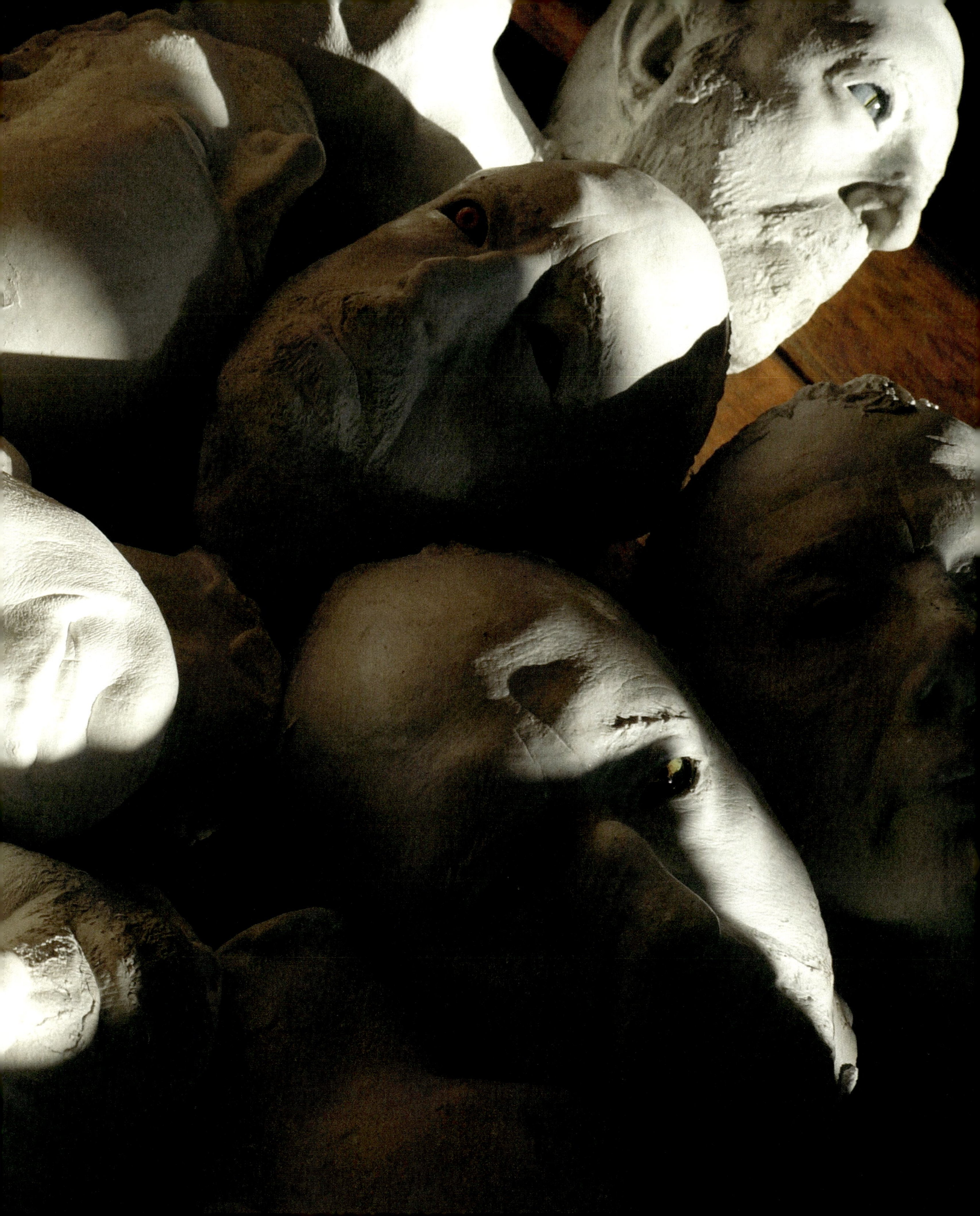

A painting by the Swiss artist Johann Heinrich Füssli – *The Nightmare*, from 1790, a key image of black Romanticism – comes to mind. Situated at the boundary of dream and reality, it shows a similar configuration. A grinning demon squats on the outstretched body of a woman. Is she enjoying the visitation? Is she terror-stricken? An erotic tension wafts through the painting, but the undertone is the eerie encounter with an uncanny creature, which may only be a reflection of an inner obsession or deep-seated fear.

The human-animal hybrid is a figure of ambivalence and contingency. Evolution as accident or chance, in whose processes only a shift in DNA would lead to beings that are humanoid but not human.

The question arises constantly, in this way and differently: What is the human being?

Lemmen appears to adhere persistently to this mode of the animal hybrid, while the androids and the humanoid machines take their course in the world of the sciences. Against the self-optimised post-human bodies of present, the world of pre-civilisation myths comes across as a defiant rebellion.

Ballen's animal world seems to refer not so much to an ideal of co-existence; his view of things is more realistic, more sober, perhaps more brutal. The creatures are often maltreated; we feel compassion and empathy for the cats and birds, even the rats, that appear in his images. His protagonists don't have the pampered and over-emotionalised relationships often found in the sheltered bourgeois households of the First World.

Ballen is also uninterested in classical symbolism; his animals don't simply fall into line with the tradition of iconographic references. His doves aren't doves of peace, but simple doves profane and real, and yet they awaken memories and have the potential to be perceived above and beyond themselves as elements possessing a touching corporeal presence.

How should this orientation to animals and interest in archaeological artefacts be interpreted? As scepticism and criticism of a streamlined world dominated by technology? For Nietzsche, triumph of the animal over the human is

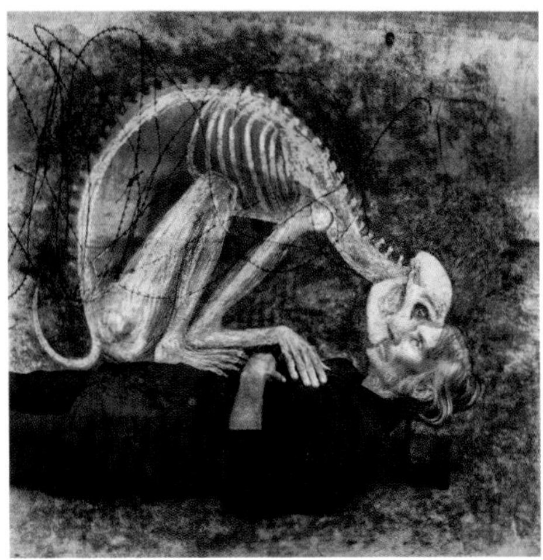

Hans Lemmen, *Rendez-vous* (2016)

The Nightmare, Johann Heinrich Füssli (1790/91)

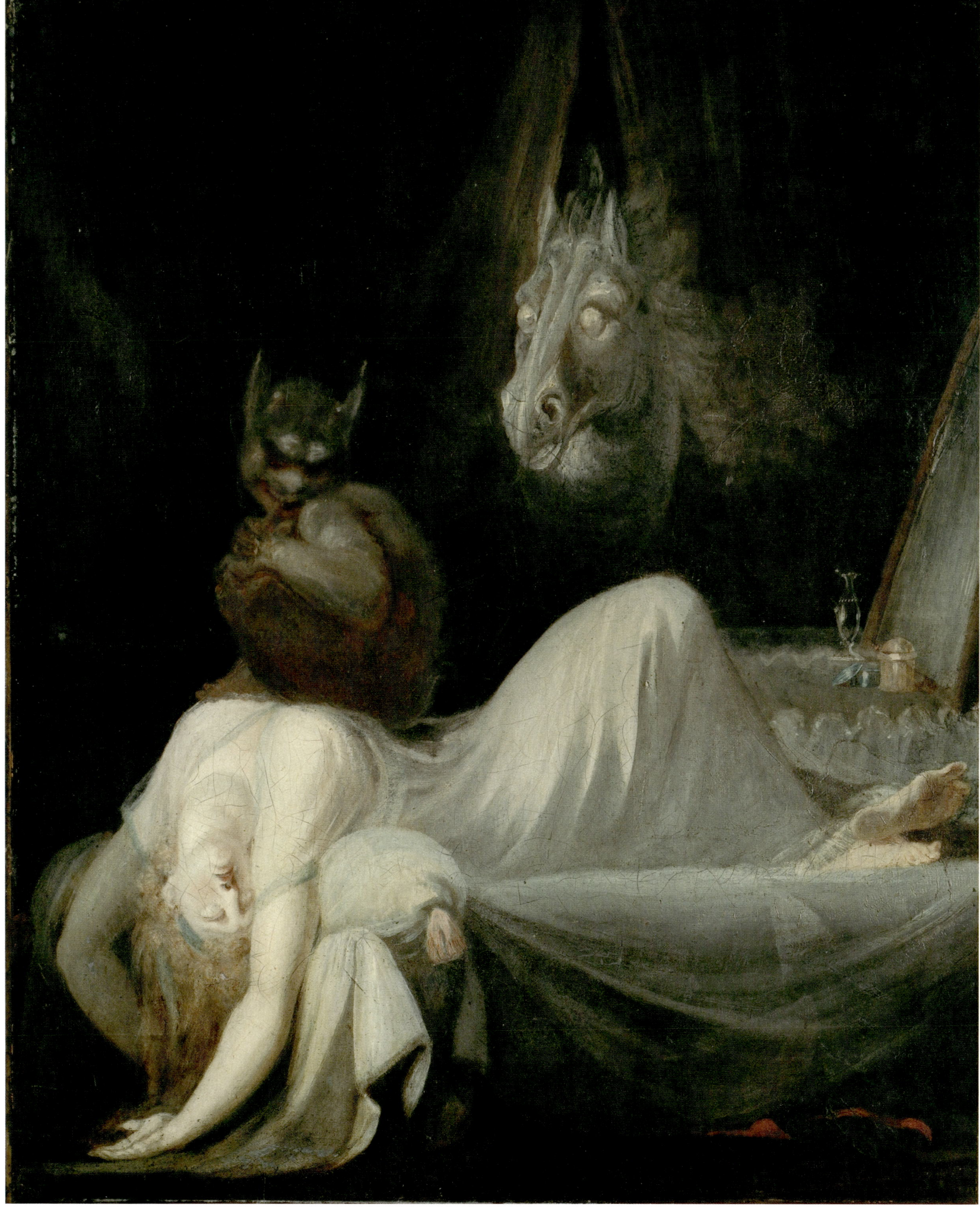

The term is a double-edged
sword, the dialectic it contains
incisive, as despite all euphoria
about the act of liberation, It's
also certain that the energy it
releases can equally engulf the
unleashed individual.

Cette notion est une épée à
double tranchant, elle véhicule
une dialectique incisive, car
l'euphorie suscitée par l'acte de
libération, l'énergie ainsi libérée
peut, aussi bien, se retourner
contre l'individu débarrassé
de ses chaînes avec un effet
dévorant et destructeur.

Les animaux sont aussi intégrés dans le processus de travail artistique. Afin de combler le bas d'une grande feuille d'une structure qu'il ne veut pas peindre lui-même, Lemmen laisse des poules marcher dans un récipient rempli d'encre et les utilise en quelque sorte comme instruments de sa réalisation en les laissant courir sur la feuille. Ceci rappelle une célèbre anecdote, évoquée dans un entretien entre Picasso et Brassaï, et attribuée au peintre japonais Hokusaï :

PICASSO : « (…) Je me souviens seulement qu'un jour, Hokusaï a peint un tableau sur lequel il a laissé courir des poules, mais je ne sais plus dans quelles circonstances… » BRASSAÏ : « C'était chez un prince qui voulait avoir un tableau de Hokusaï. L'artiste a fait dérouler un long rouleau de papier sur lequel il a peint quelques lignes bleues ondoyantes. Puis il a pris des poules, a plongé leurs pattes dans de l'encre rouge et les a laissées courir sur le papier… Et tout le monde a reconnu le fleuve Tatsuta, sur lequel flottent en automne des feuilles pourpres d'érable, qui ressemblent à des empreintes d'oiseaux… »[14]

Des animaux de toutes sortes peuplent les feuilles de Lemmen : des chiens naturellement, des oiseaux, des cerfs, des scarabées et autres insectes, des salamandres, des primates, des lions, des loups, des renards…

Des êtres hybrides, des créatures à têtes d'oiseaux qui rappellent la figure du Loplop de Max Ernst ou Horus, la divinité égyptienne à tête de faucon.

Dans notre appréhension culturelle, il importe peu qu'il s'agisse de créatures imaginaires, dont Jorge Luis Borgès a esquissé des catalogues entiers, ou d'animaux réels. Les créations de l'esprit ont le même pouvoir d'éveiller en nous la peur, la sympathie et l'affection ou d'occuper notre imaginaire, que les créatures réelles à l'état sauvage ou au zoo.

L'œuvre-titre de l'exposition montre une silhouette allongée dans un espace indéfini, qui est plus un espace pictural qu'un lieu réel. Sur le buste de l'homme allongé au sol les yeux grand ouverts, comme pour regarder dans le lointain, est tapi le squelette d'un animal anthropomorphe, dont on ne saurait dire à quelle espèce il appartient. La position recroquevillée de cette créature ne permet pas non plus d'expliquer l'objet et la motivation de la scène. L'homme a-t-il été vaincu au combat ? Dort-il les yeux ouverts, fait-il un rêve éveillé ? Est-il mort ? La créature sur sa poitrine est-elle un fidèle animal familier ? La scène a quelque chose de paisible et d'inquiétant à la fois. Le squelette a l'air vivant, ce tête-à-tête rapproché laisse-t-il présager un baiser, une confidence, une ultime confession ?

On songe au tableau du peintre suisse Johann Heinrich Füssli – *Le Cauchemar* – de 1790, tableau-clé du romantisme noir. Situé entre rêve et réalité, il présente une configuration comparable. Sur le corps abandonné de la femme allongée est assis un démon grimaçant. Éprouve-t-elle du plaisir à cette visite, est-elle morte de frayeur ? L'objet central de cette peinture, empreint d'une puissante

14 Brassaï: *Gespräche mit Picasso*, traduit de la version allemande, Reinbek bei Hamburg 1985, p. 168.

ultimately a step towards the idea of the superhuman. Both Lemmen and Ballen critique civilisation. Emotional control and culture are only learned roles that can be discarded more quickly than we might think.

Diurnes – Pablo Picasso and André Villers

This collaboration between photography and drawing with collage-like elements has a famous prefiguration with interesting parallels.

In March 1953, a young and unknown photographer by the name of André Villers, who had resided in a tuberculosis sanatorium in Vallauris since the age of seventeen, met Picasso for the first time. The two became friends and were very soon thinking about a joint project.[15] 'The two of us must do something together. I'll cut out little figures and you'll take photographs. You can use the sunshine to bring out the shadows. You'll have to take thousands of shots.'[16]

Photography seemed to Picasso to be the medium suitable for continuing his experiments with the paper cut, and through the merger and interpenetration of the two media to obtain new formal solutions that would otherwise have remained closed to him. At the latest since Anne Baldassari's studies, it has become evident that for Picasso photography played a significant role in the work process, as a control mechanism, but also particularly in his involvement with sculpture. The collaboration between Picasso and Villers lasted over a decade – undoubtedly not an equal interchange, as Picasso is too dominant an artistic figure, and he seems to have enjoyed this form of creative dialogue with the young Villers. It was, as Baldessari writes, a 'wordless dialogue'.[17]

Picasso, in accordance with the essence of the paper cut, played with the outline, the relationship between hollow form and cut-out figure. He then sometimes put these pairings together as in *Man with Bird*. He additionally worked over the compositions graphically, supplementing different elements.

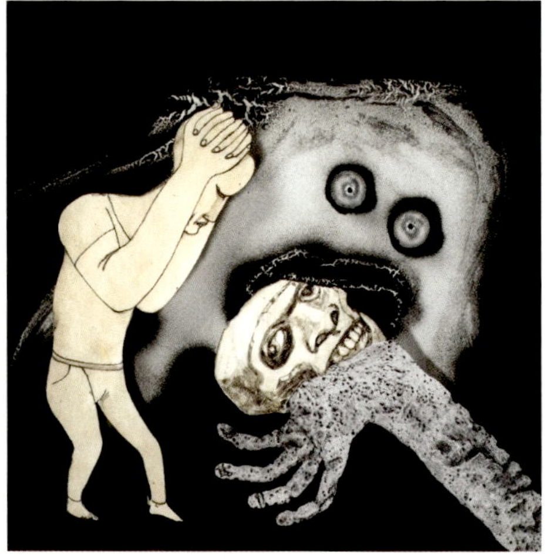

15 Anne Baldessari, *Picasso and Photography: The Dark Mirror*, trans. Deke Dusinberre, Paris, 1997.
16 Ibid.
17 Ibid.

Roger Ballen, *Oh no!* (2016)

La Marie comme elle est. Photogramme from the series *Diurnes* (1962). Pablo Picasso & André Villers

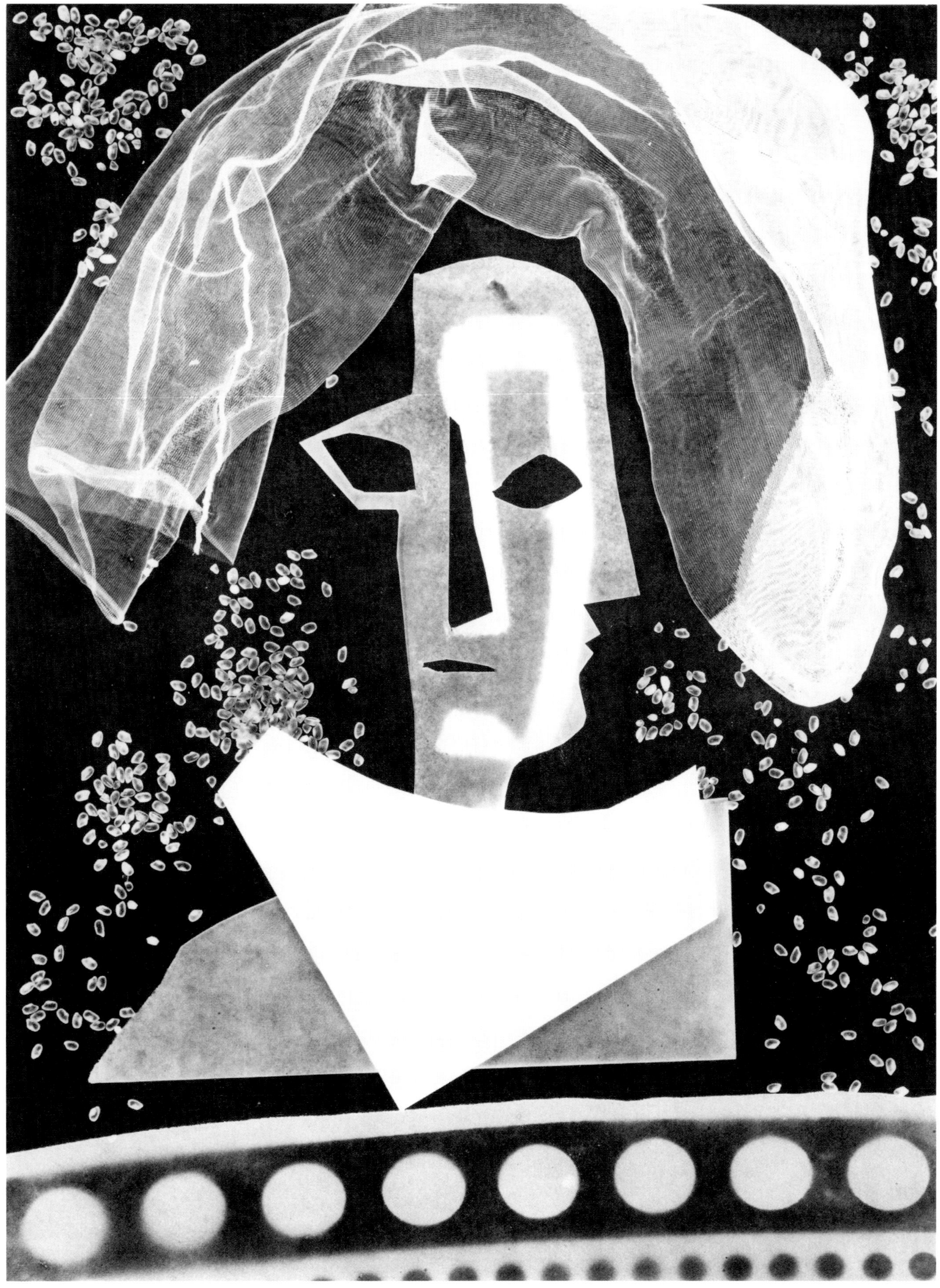

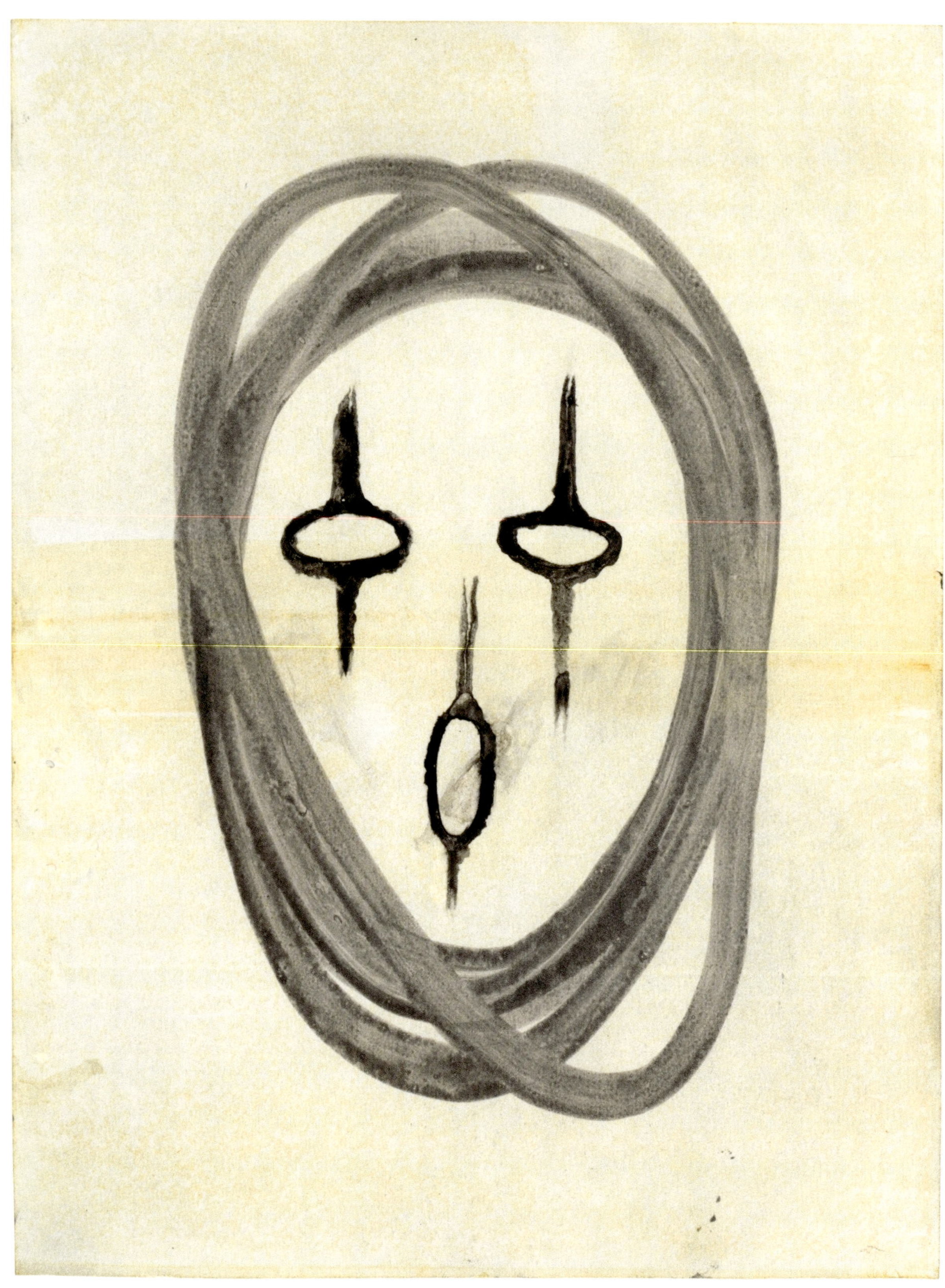

tension érotique, est une rencontre inquiétante avec une créature redoutable, qui n'est peut-être autre que l'incarnation d'une obsession intérieure ou d'une angoisse profonde.

La créature hybride mi-homme mi-animale est une figure de l'ambiguïté, de l'ambivalence et de la contingence. L'évolution comme accident ou hasard dont les processus de déroulement ne conduirait à des êtres semblables à des hommes sans être humains que par un report de l'ADN.

D'une façon ou d'une autre, la question ne cesse de resurgir : Qu'est-ce que l'homme ? Lemmen semble vouloir s'en tenir obstinément à ce modèle de l'hybride animal, alors que dans le monde des sciences, les machines androïdes et humanoïdes suivent leur cours. Ce monde mythique tourne résolument le dos aux corps post-humains et auto-perfectionnés que nous propose la civilisation contemporaine.

L'univers animal de Ballen semble moins renvoyer à un idéal de vie partagée, son point de vue est plus réaliste, plus sobre, et plus cruel aussi peut-être. Ses créatures, souvent éreintées, forcent chez nous la pitié et l'empathie – pour les chats, les oiseaux, et même jusqu'aux rats présents dans ses photos. Le rapport entretenu par ses protagonistes n'a pas le caractère caressant et sur-émotionnalisé que l'on trouve souvent dans les intérieurs bourgeois protégés des pays développés.

Ballen n'est pas non plus intéressé par un symbolisme classique. Ses animaux ne s'insèrent pas simplement dans une ligne traditionnelle de références iconographiques, ses colombes ne sont pas des colombes de la paix, elles sont profanes et réelles mais elles réveillent aussi des réminiscences et peuvent être appréhendées comme des éléments doués d'une puissante présence physique.

Mais comment interpréter cette attirance pour les animaux, et l'intérêt pour les artefacts archéologiques ? Es-ce l'expression d'une critique et d'un scepticisme exacerbé adressés au monde sur-rationalisé ? L'amour des bêtes comme une critique à l'homme qui conduirait jusqu'à une vision du monde misanthrope ? Chez Nietzsche, le dépassement de l'humain par le biais de l'animal est au fond une étape vers l'idée du surhomme. On retrouve chez Lemmen comme chez Ballen une critique de la civilisation. Le contrôle des affects et la culture ne sont que des rôles appris, dont on peut se défaire plus rapidement que l'on ne croit.

Diurnes – Pablo Picasso et André Villers

Cette idée d'allier la photographie, le dessin et des éléments de collages a connu un célèbre précédent avec des parallèles intéressants.

En mars 1953, un jeune photographe encore inconnu nommé André Villers, qui séjournait dans un sanatorium de Vallauris depuis sa dix-septième année pour soigner sa tuberculose, rencontre pour la première fois Picasso. Les

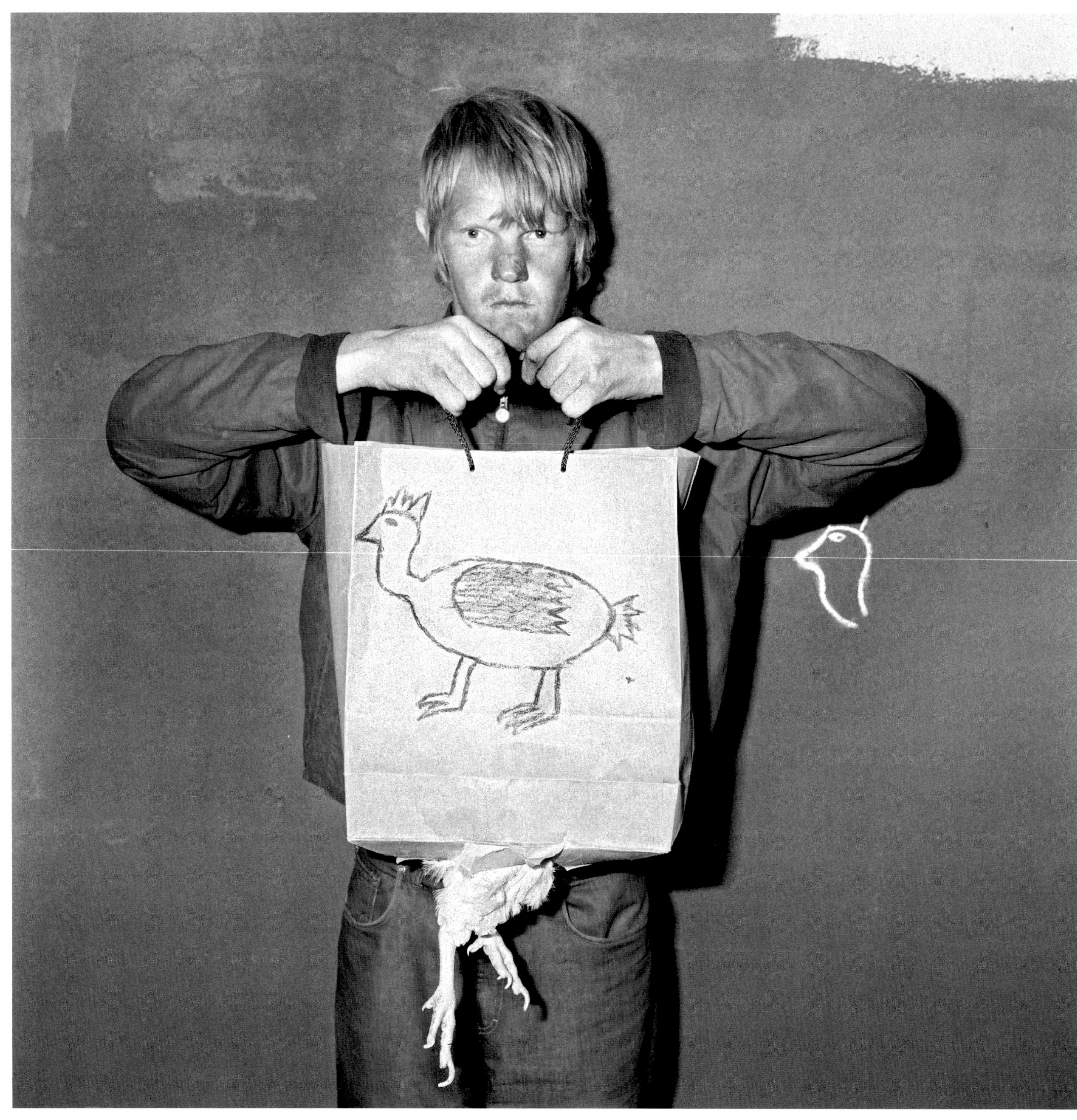

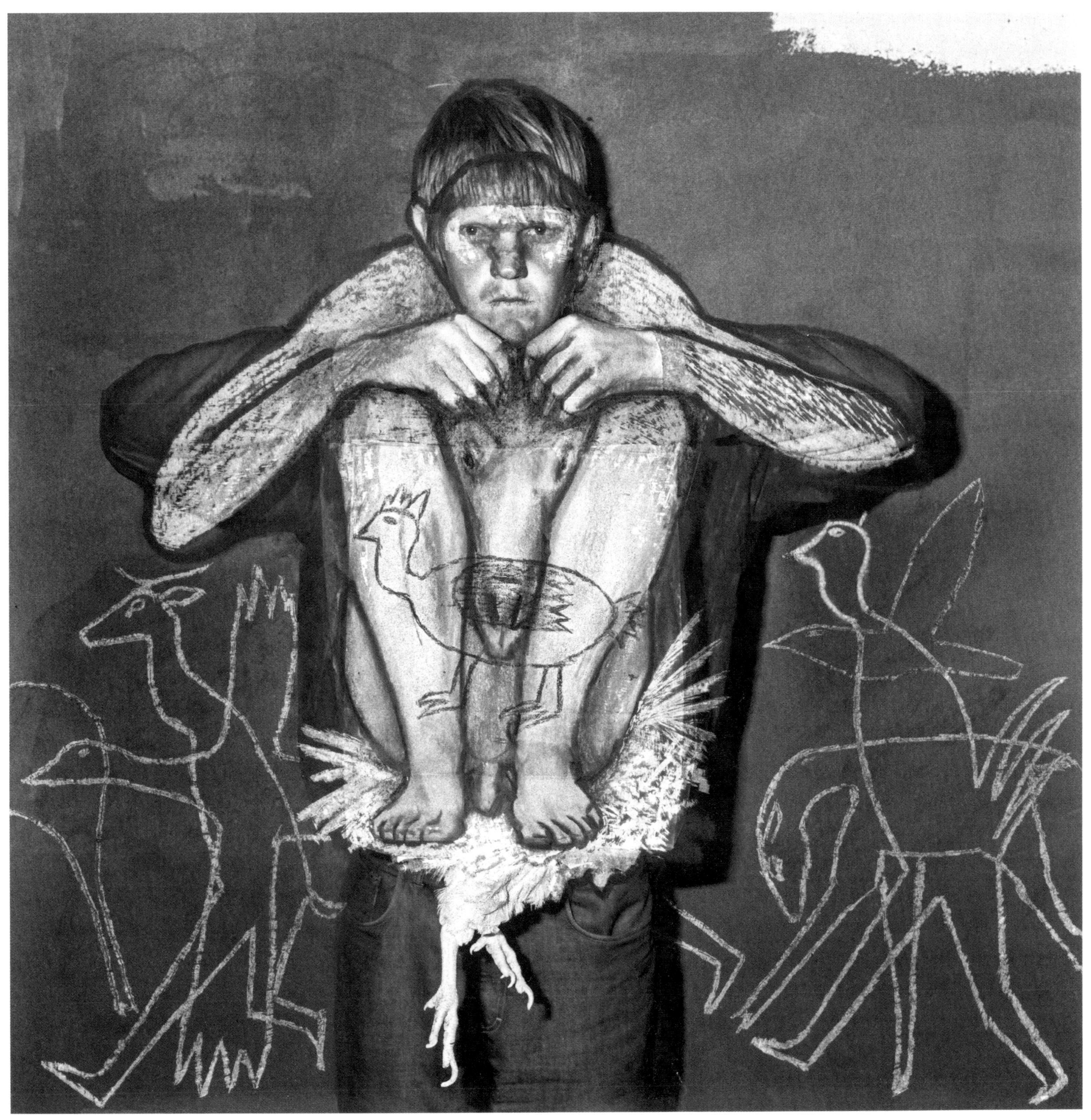

The long process gave rise to hundreds of collages photographed by Villers. Thirty of these photograms and eighteen pages of text, with a foreword by Jacques Prévert, appeared in 1962 under the title of *Diurnes*. Heinz Berggruen issued 1,000 of these images as an edition in 30 × 40 cm format.

These 'photographs and drawings' created with Villers have an additional title: Picasso called them – and here we come full circle to Lemmen-Ballen – *Apparitions*.[18]

Both artists work continually to bring something forth. According to a much-quoted remark by Paul Klee: 'Art does not reproduce the visible; rather, it makes visible.'[19] Even though this lies in the depths of our psyche, on the bedrock of our understanding, and only becomes tangible and experiential through its transformation into images, both frightening and poetic. The individual universes of Ballen and Lemmen are worlds of great authenticity and visual appeal. The images they have created together, as focal points of an enhanced consciousness, bear witness to the fact that artistic processes are always processes of communication with an opposite number, with the world, with oneself. And that ideally the experiences they give rise to are substantial and reverberate.

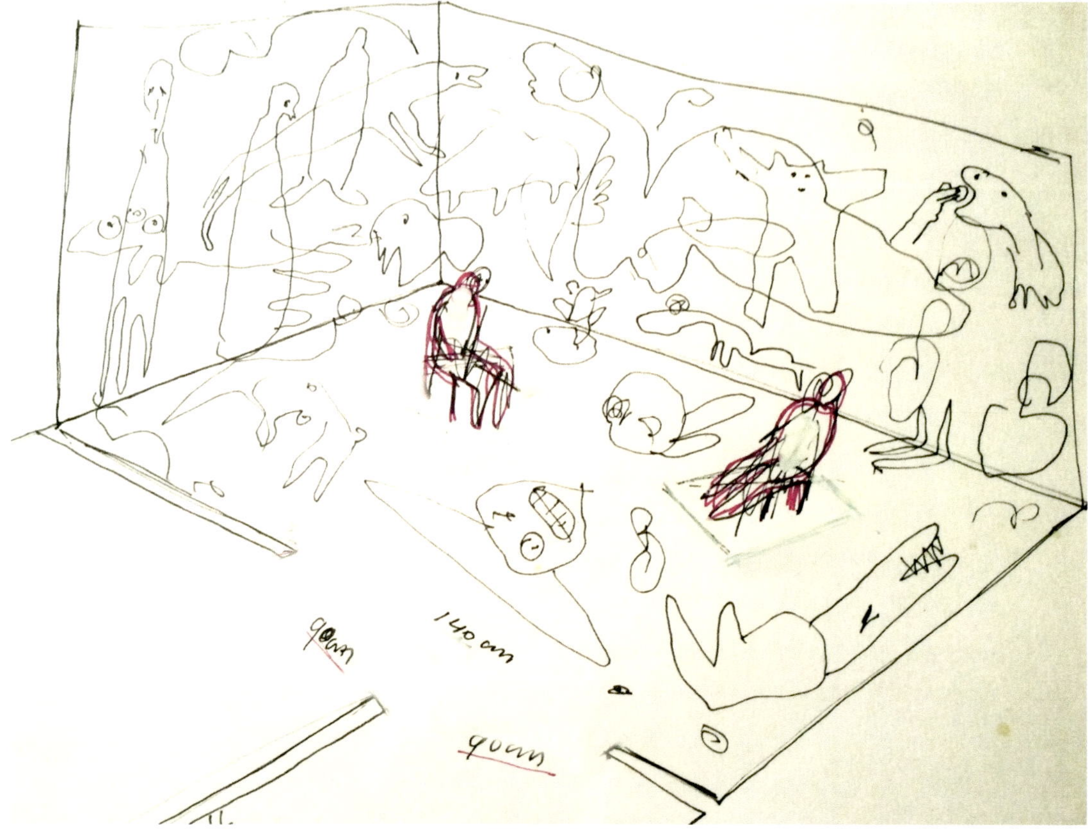

18 Baldassari. A further project, which remained unrealised, however, is reported by Brassaï. In 1946 Picasso wrote to the photographer that he had created things that would only last thanks to photography, and that if Brassaï didn't come soon they would soon disappear. He continues: 'I looked at them the other day against the sunlight … It was wonderful … they were as translucent as alabaster.' For various reasons Brassaï never photographed these delicate and fragile paper objects for Picasso, also because Picasso insisted on being present at the shoot in order to control angles and lighting.

19 Paul Klee, 'Creative Credo' (1920), trans. Norbert Guterman, in *The Inward Vision: Drawings and Writings by Paul Klee*, New York, 1959, p. 5.

Sketch for the installation in / Dessin préperatoire de l'installation à Musée de la Chasse et de la Nature, Paris

deux hommes sympathisèrent et conçurent bientôt l'idée d'un projet commun.[15]
« Nous devons absolument faire quelque chose ensemble. Je découpe des petites
figures et tu les photographies. Avec la lumière du soleil, tu peux souligner les
ombres. Tu dois faire des milliers de clichés.[16]

Picasso vit dans la photographie le medium adéquat qui lui permettrait de
poursuivre ses expérimentations avec les silhouettes découpées et de découvrir
de nouvelles solutions, par le biais de cette combinaison et interpénétration/
entremêlement des deux médias qui lui seraient restés étrangers sans cela.
L'importance majeure de la photographie dans le processus de création, en
tant qu'instance de contrôle mais aussi dans la recherche avec la sculpture
notamment, est devenue évidente, comme l'ont montré les études d'Anne
Baldassari. La collaboration entre Picasso et Villers dura plus de dix ans. Si
la personnalité artistique dominante de Picasso a sans doute prévalu dans ces
échanges, il semble qu'il ait quant à lui apprécié cette forme de dialogue créatif
avec le jeune Villers. Comme l'a écrit Baldassari, c'était un « dialogue sans
parole ».[17]

Picasso joue – comme il se doit dans l'art des silhouettes découpées – avec
les contours, le rapport entre la forme creuse et la figure découpée. Puis il les
réunit, comme par exemple dans *L'homme et l'oiseau*, et saisit son crayon pour
retravailler la composition et la compléter de divers éléments.

À la fin du long processus interviennent des collages photographiques,
à partir des centaines de photos prises par Villers. Trente photogrammes et
18 pages de texte paraissent en 1962 sous le titre *Diurnes*, avec une préface de
Jacques Prévert. Heinz Berggruen a publié une édition de ces feuilles en 1000
exemplaires au format 30 × 40 cm.

Picasso intitule aussi ces œuvres réalisées en collaboration avec
Villers « Photographies et dessins »,– et ici se referme la boucle avec les
« Apparitions » de Lemmen-Ballen.[18]

Les deux artistes travaillent continuellement à la production de quelque chose.
Comme le dit une célèbre citation de Klee, « la mission de l'art » est « non
pas de reproduire le visible mais de rendre visible quelque chose »[19] – même
si cela se situe dans les profondeurs de notre psyché, dans les fondements de
notre raison, et n'est intelligible et perceptible que dans la transformation en
images, de manière effrayante et poétique. Leurs univers respectifs sont des
univers de grande authenticité et de rayonnement visuel. Le monde qu'ils ont
créé ensemble, les images comme des loupes d'une perception exacerbées,
sont des témoignages de ce que les processus artistiques sont aussi toujours des
processus de communication avec ce qui nous fait face, le monde, soi-même.
Et dans le meilleur des cas, touche le regardeur de façon à lui permettre de
faire des expériences substantielles et durables.

15 Baldessari, *Photobiographie d'André
Villers*, cat. d'exp. Editions des
Villes de Belfort et de Dole, 1986,
cit. Baldassari.

16 Ibid.

17 Ibid.

18 Baldessari, Picasso et la
photographie : Brassaï parle d'un
autre projet qui est resté sans
suite : en 1946, Picasso écrivit au
photographe avoir réalisé des
choses qui ne pourraient exister
que grâce à la photographie et que
s'il ne venait pas rapidement, elles
disparaîtraient bientôt. Il ajoute les
avoir « tenues à la lumière, et elles
étaient transparentes comme de
l'albâtre ». Pour diverses raisons,
Brassaï ne photographiera jamais
ces objets délicats et fragiles de
Picasso, qui exigeait aussi d'être
personnellement présent lors
des prises de vues pour pouvoir
contrôler les angles de prise de vue
et l'éclairage.

19 Paul Klee, 'Creative Credo' (1920),
traduit par Norbert Guterman,
in *The Inward Vision. Drawings and
Writings by Paul Klee*, New York 1959,
p. 5.

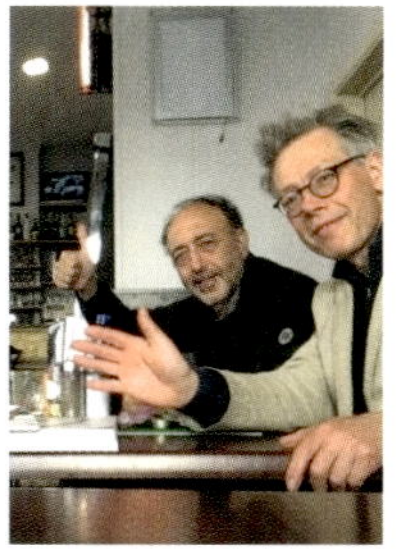

Roger Ballen – *Unleashed*

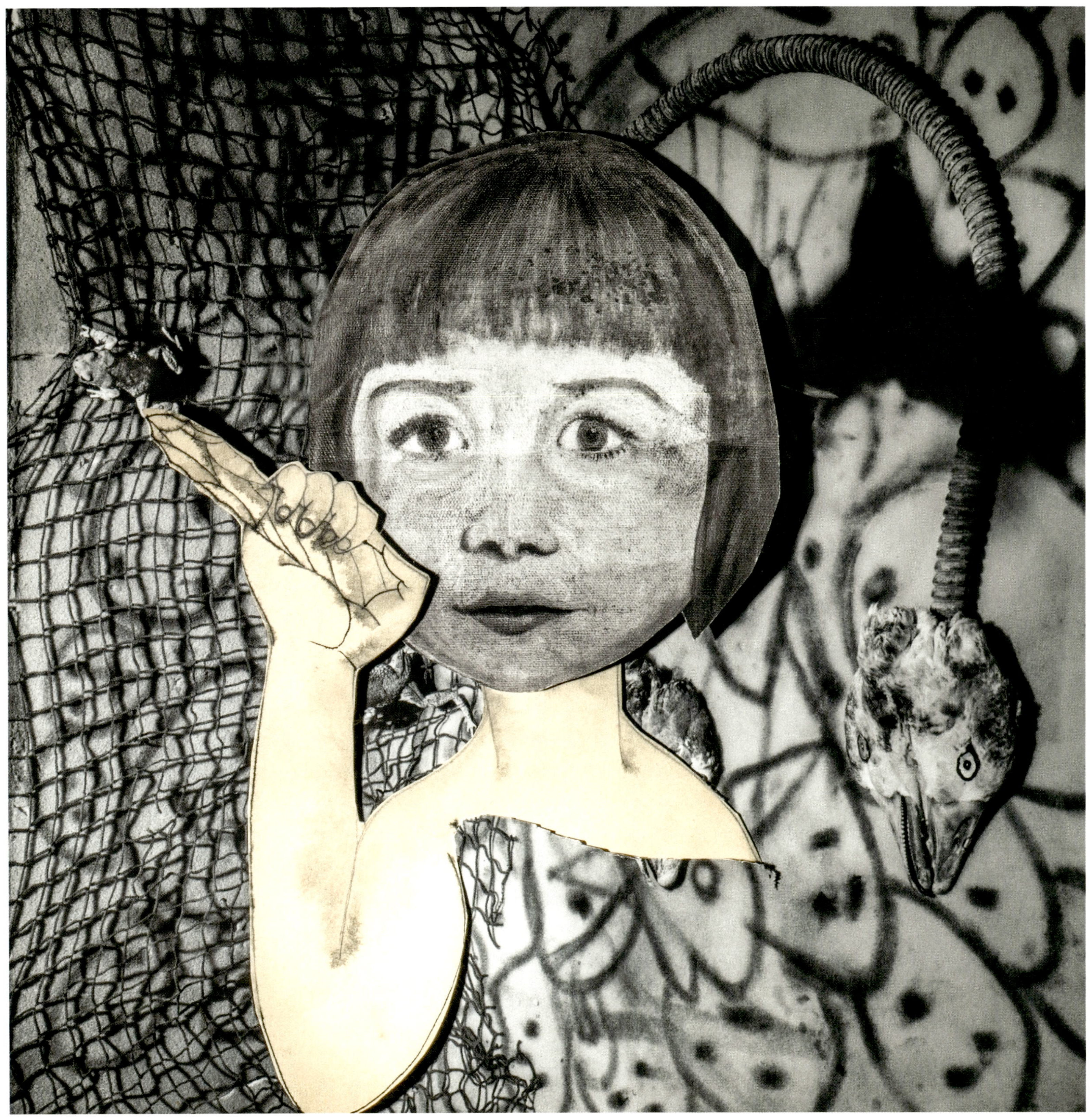

83 / Hunter and hunted (2016) / 55 × 55 cm

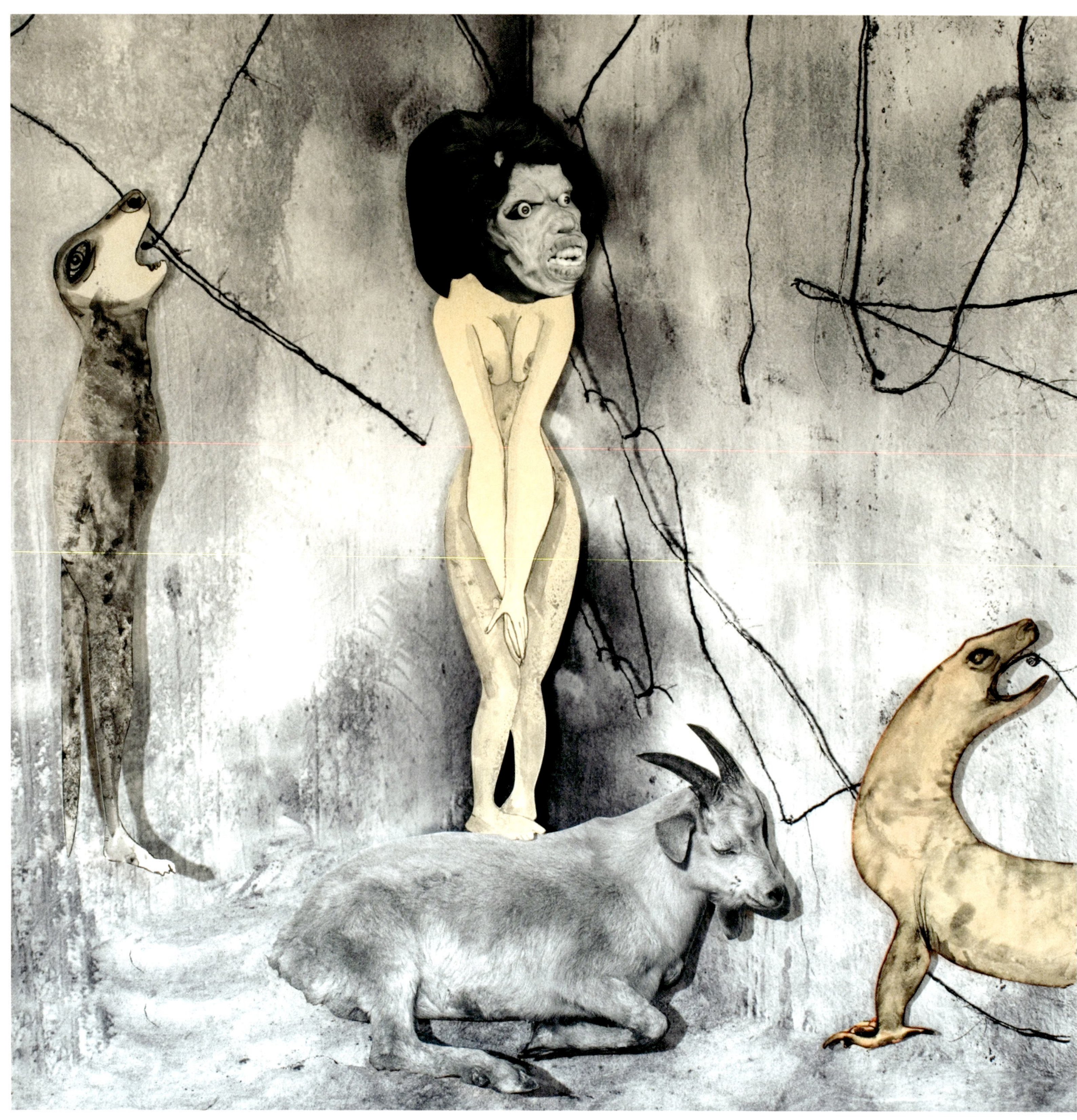

84 / Heroine (2016) / 55 × 55 cm

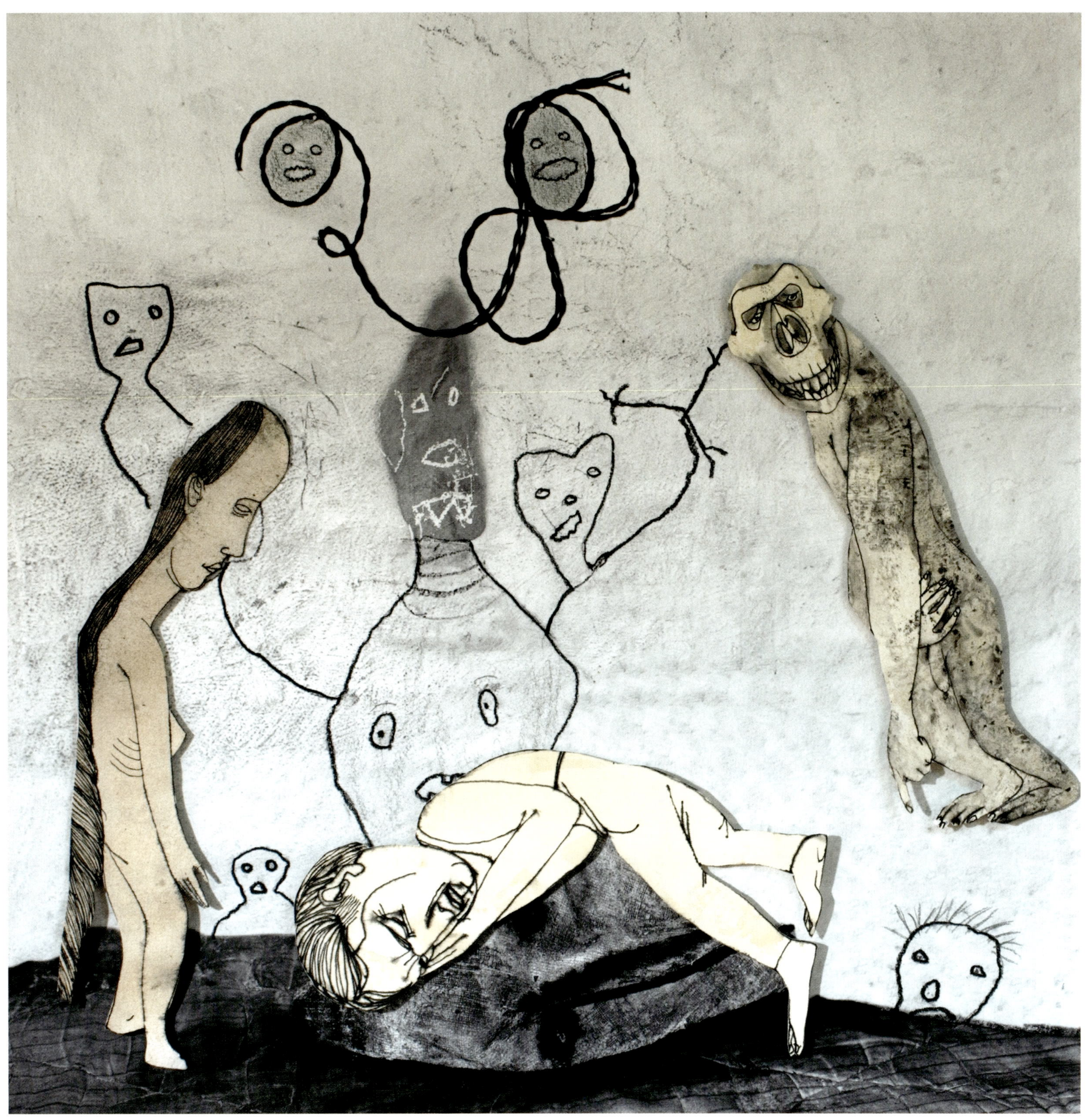

 / Obliviousness (2016) / 37 × 37 cm

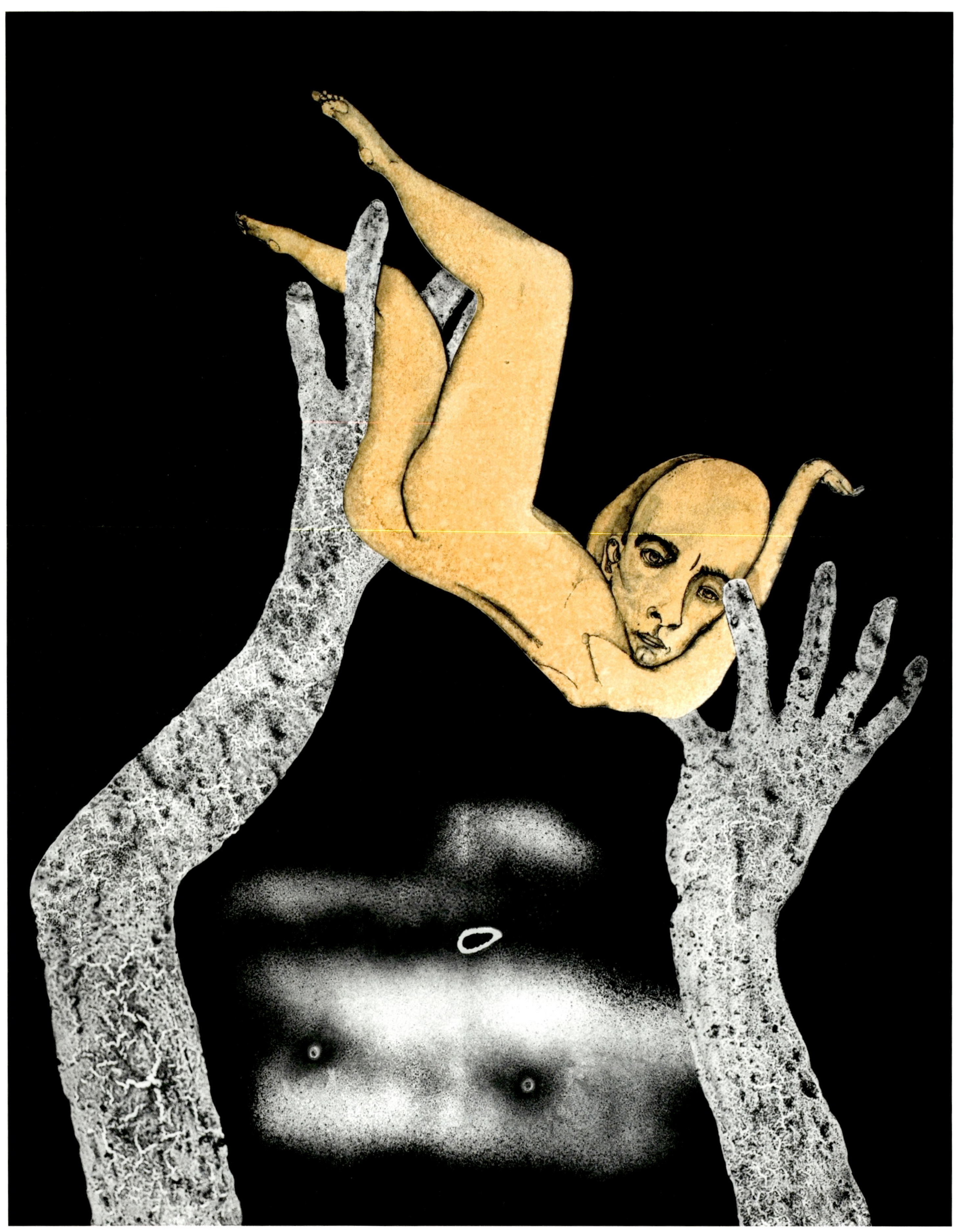

86 / Presentation (2016) / 45 × 55 cm

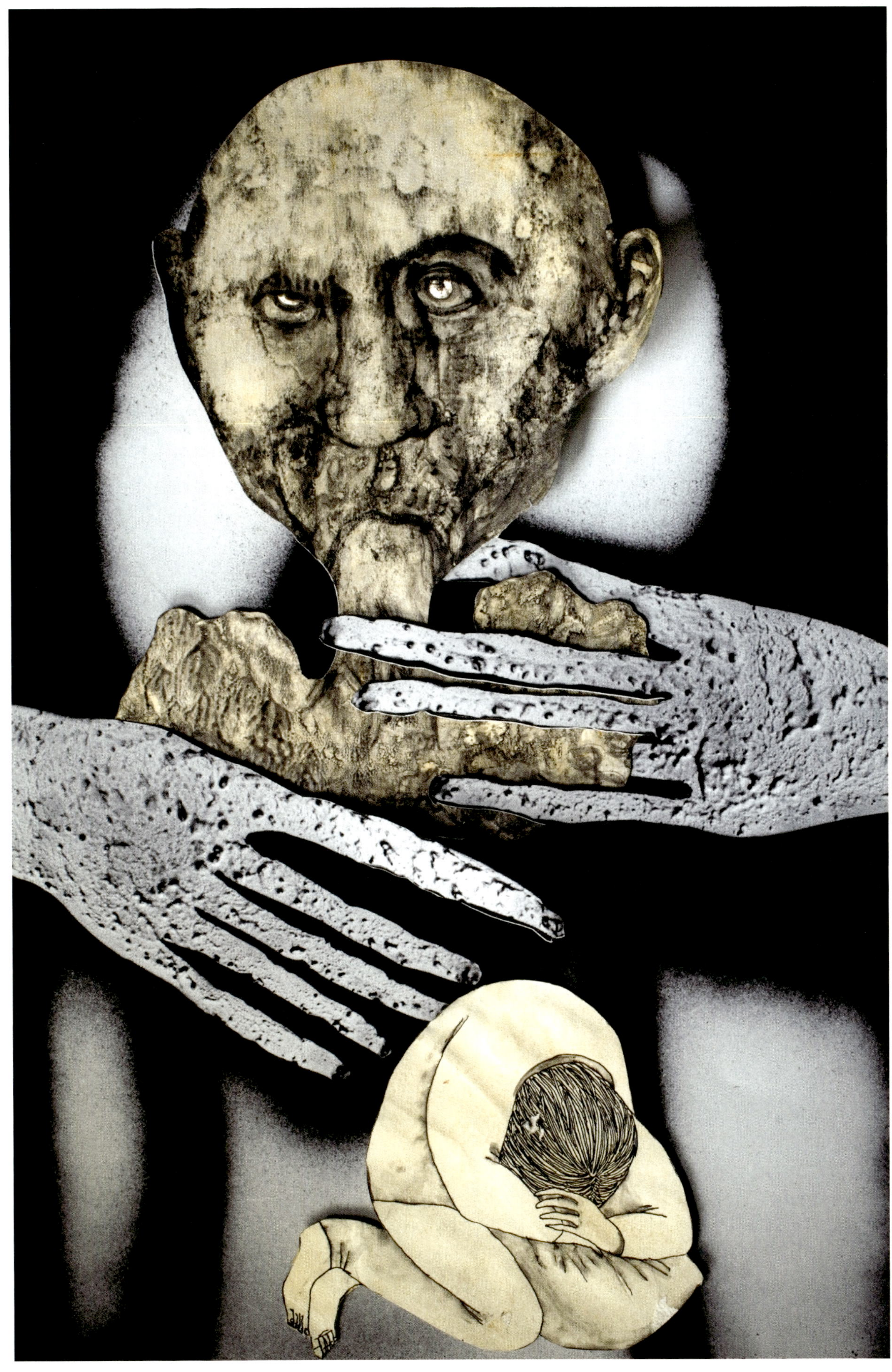

87 / Premonition (2016) / 38 × 55 cm

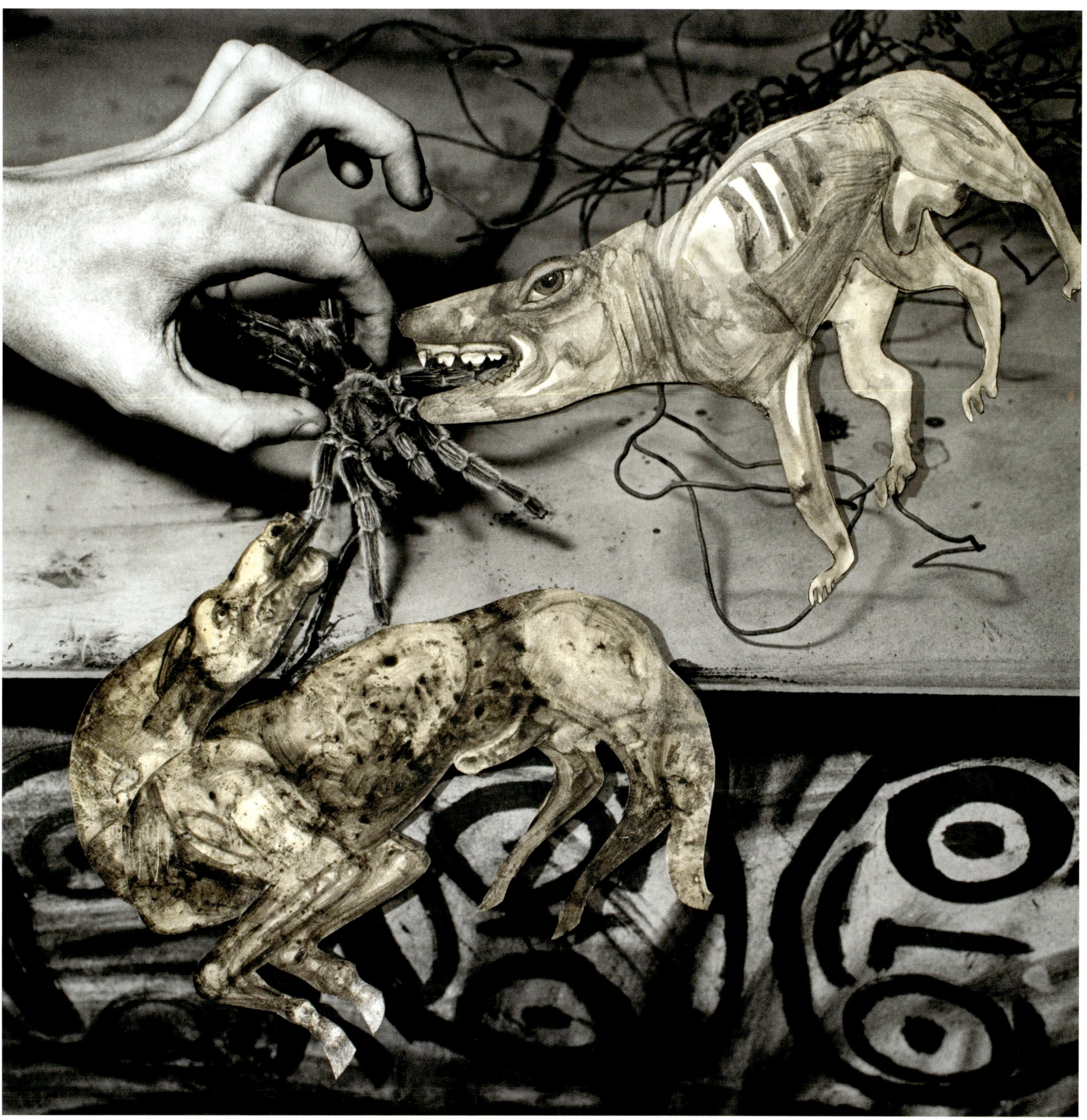

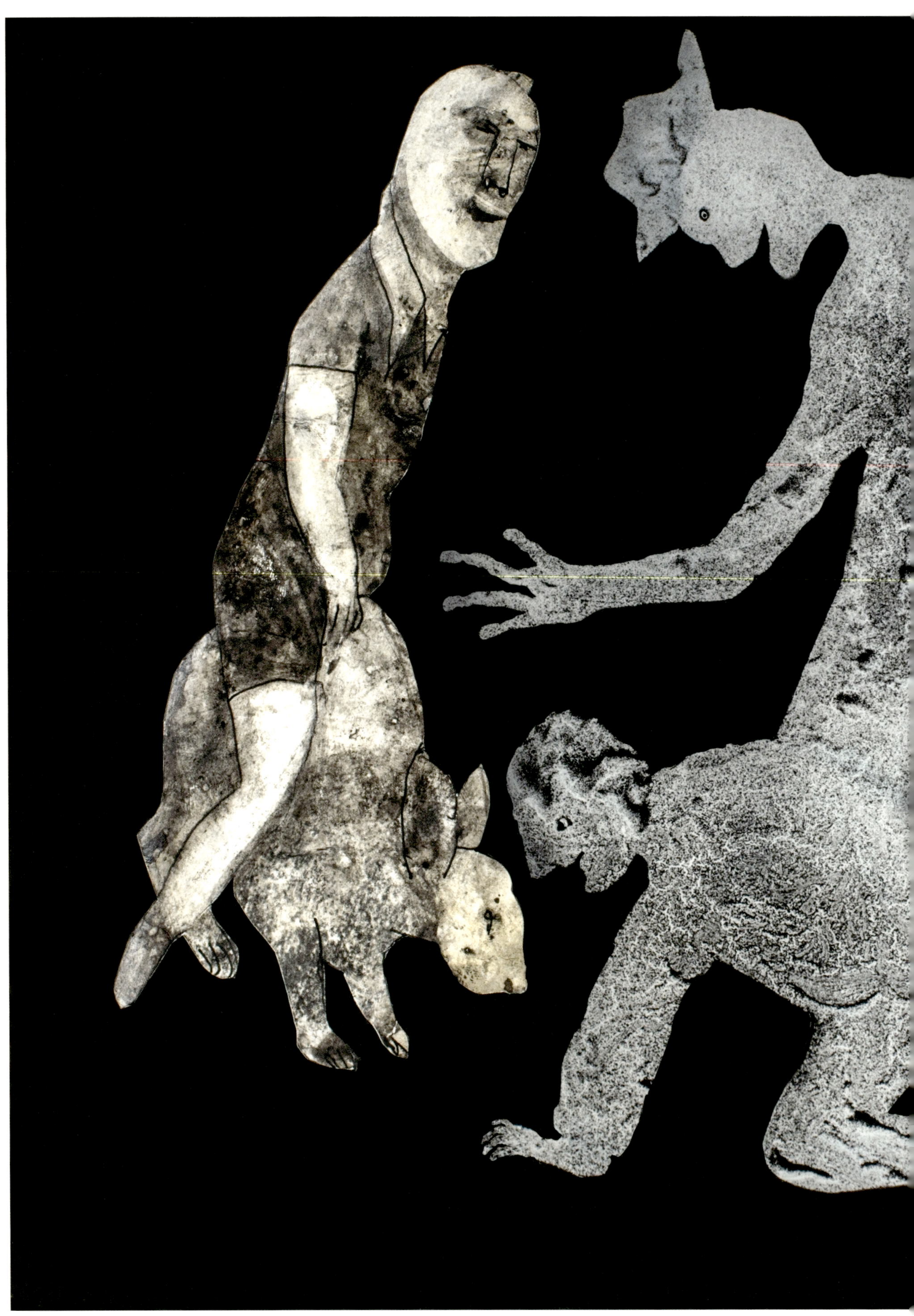

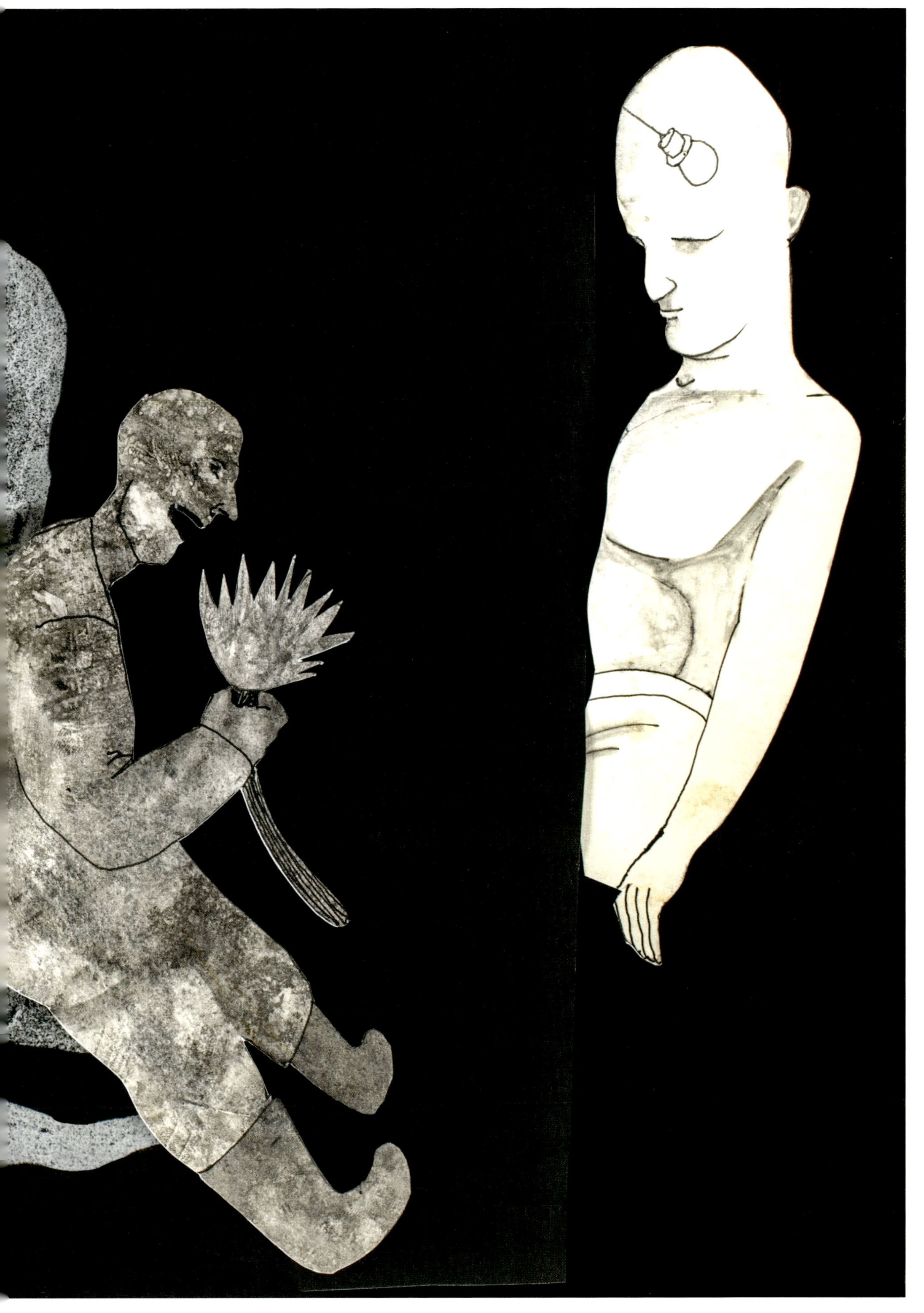

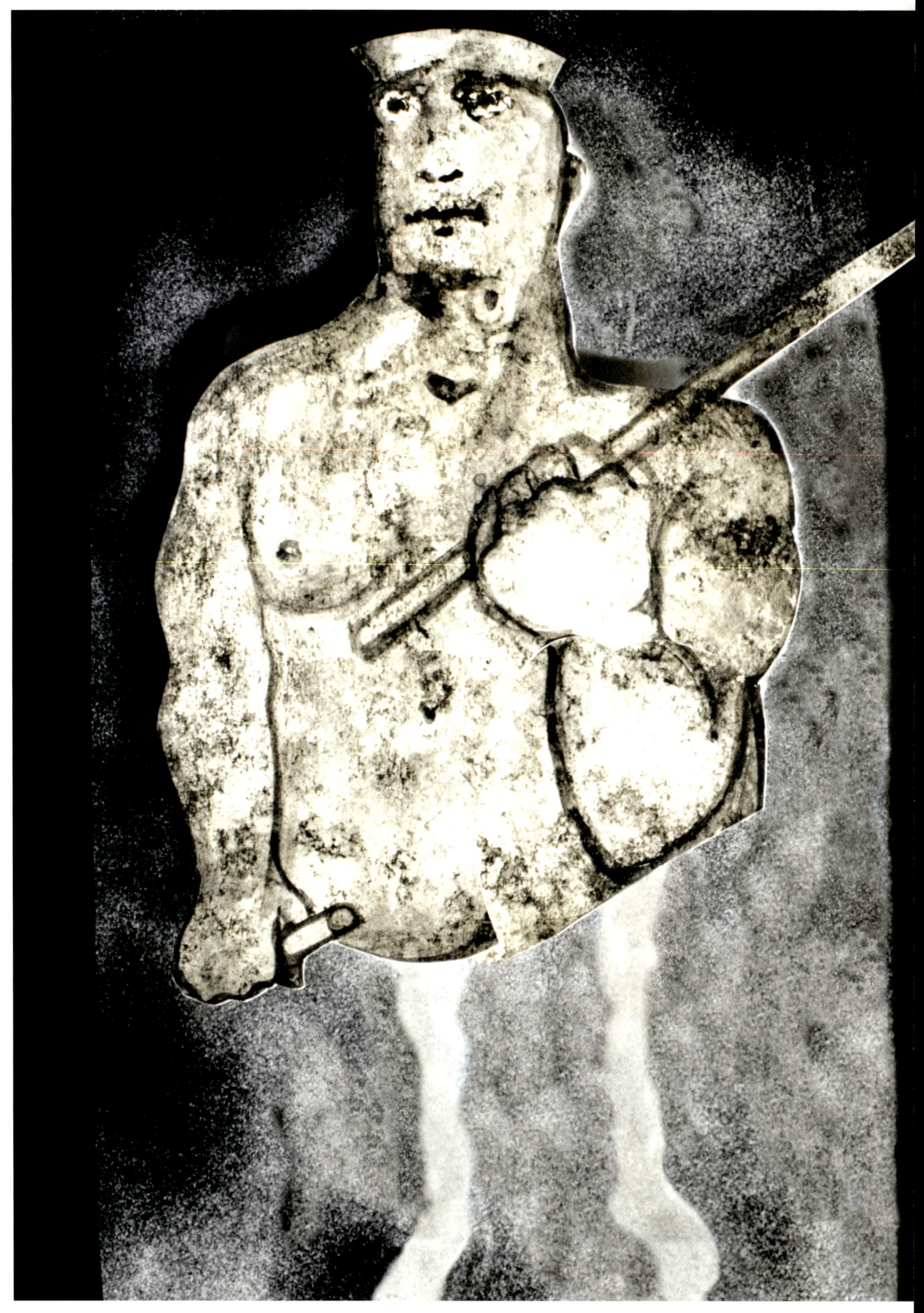

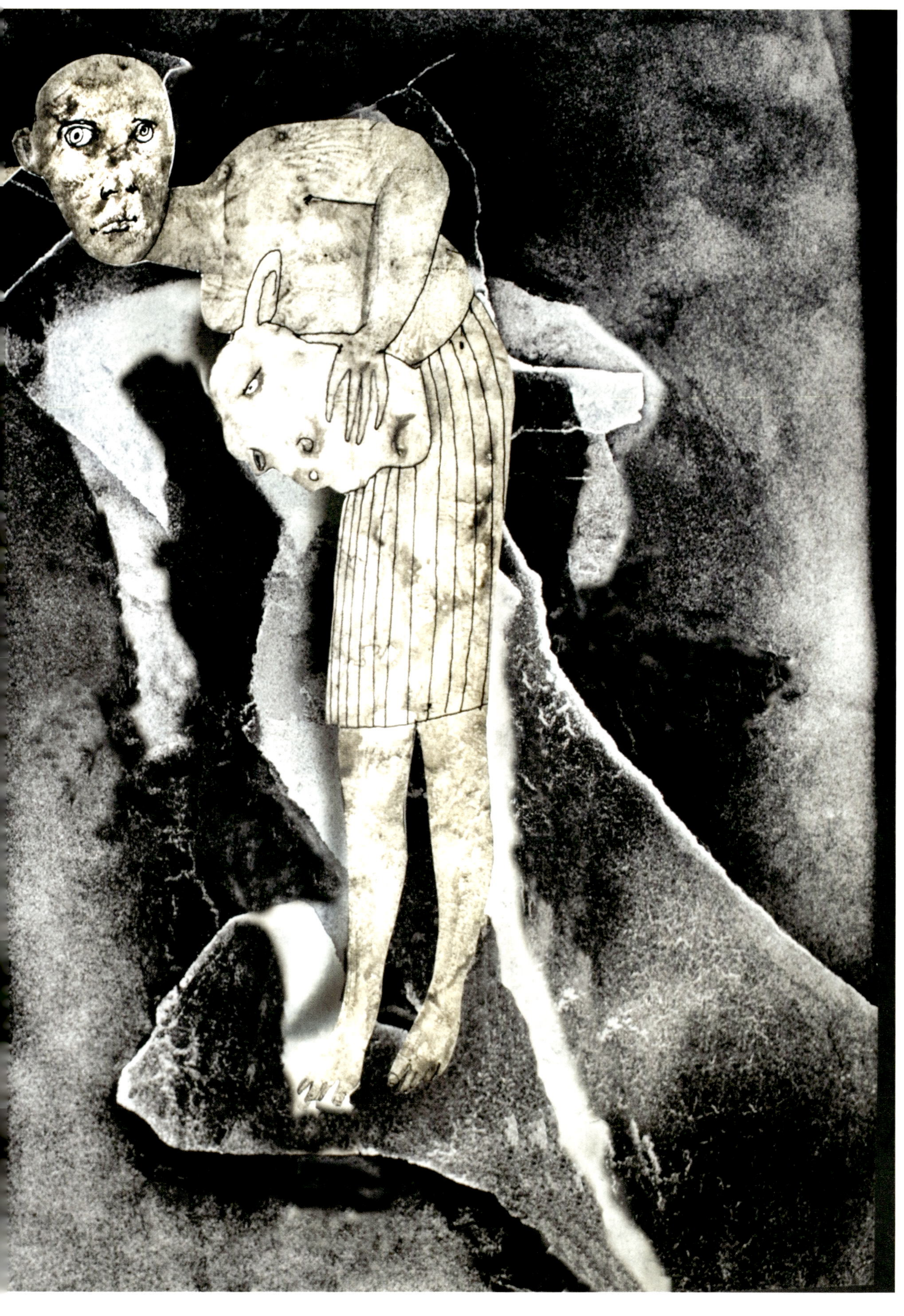

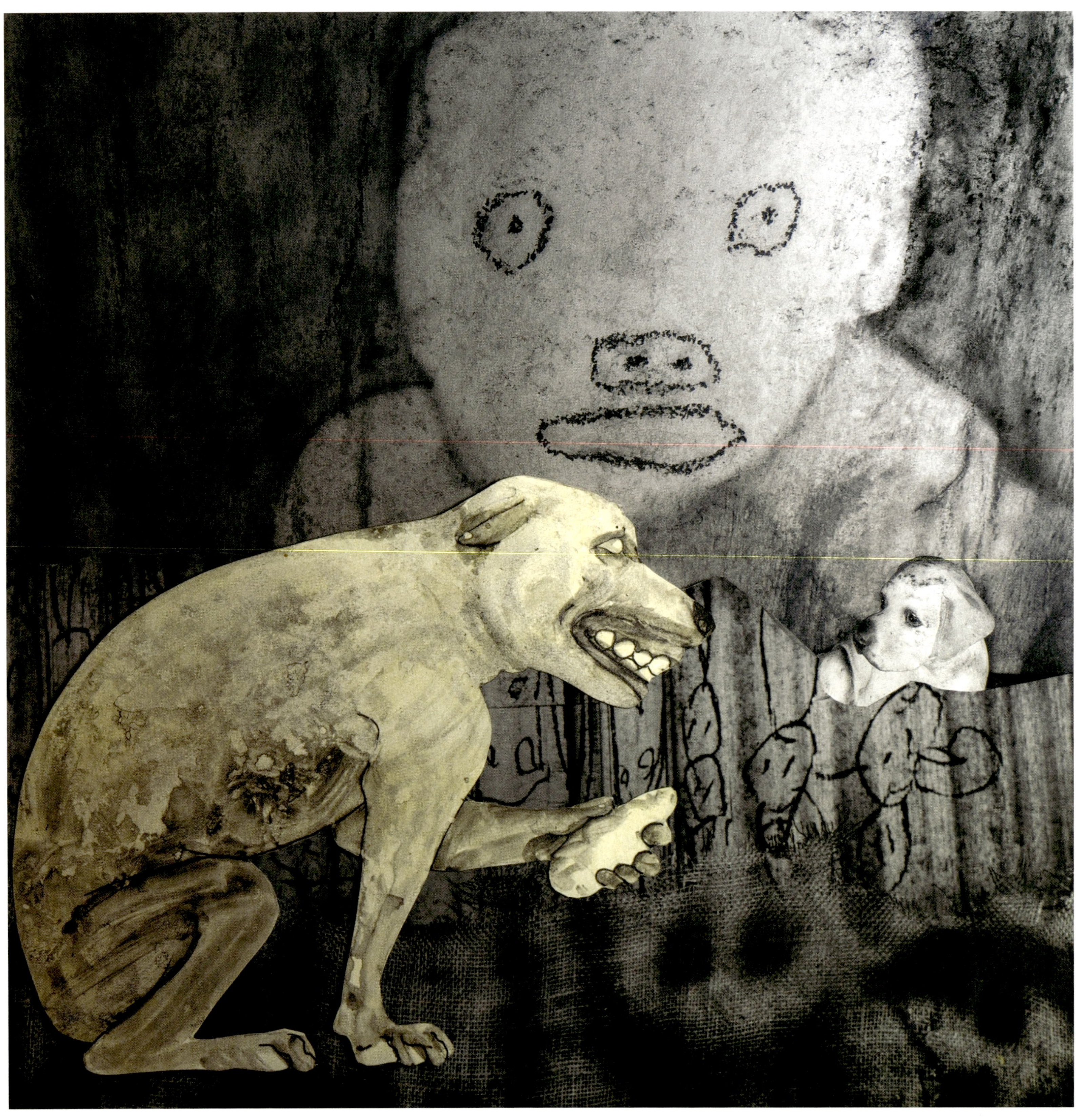

 / Dog meets dog (2016) / 55 × 55 cm

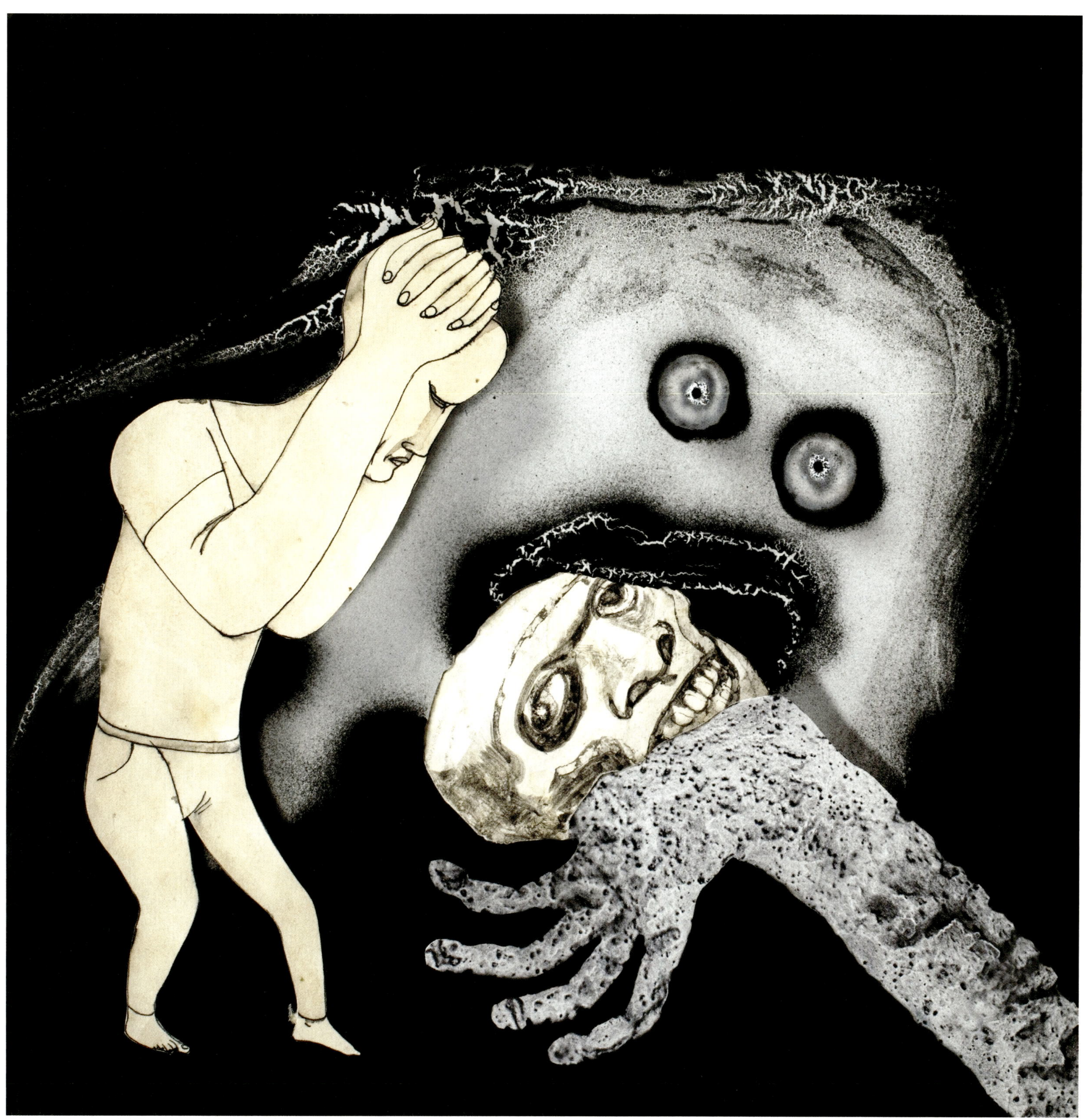

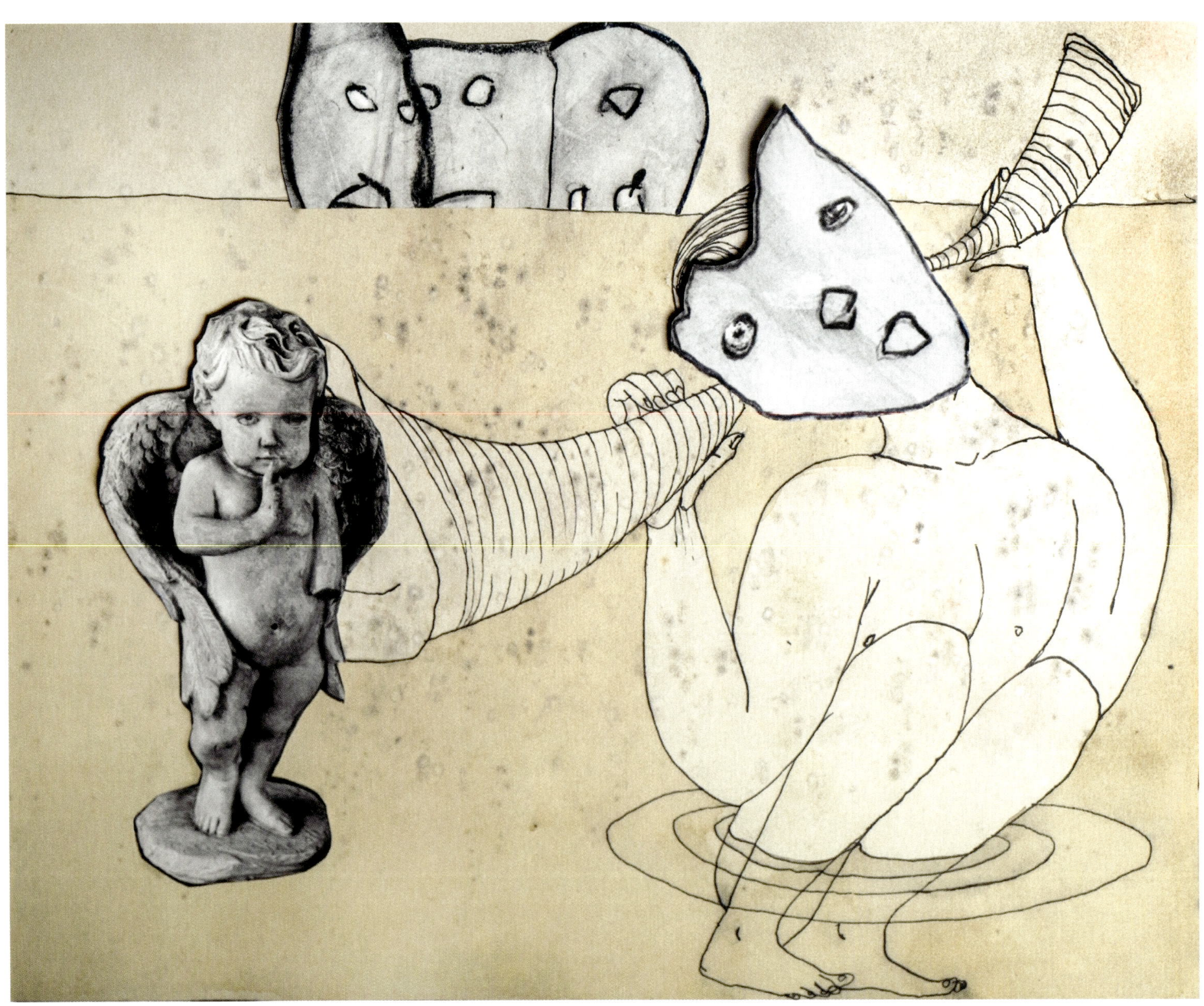

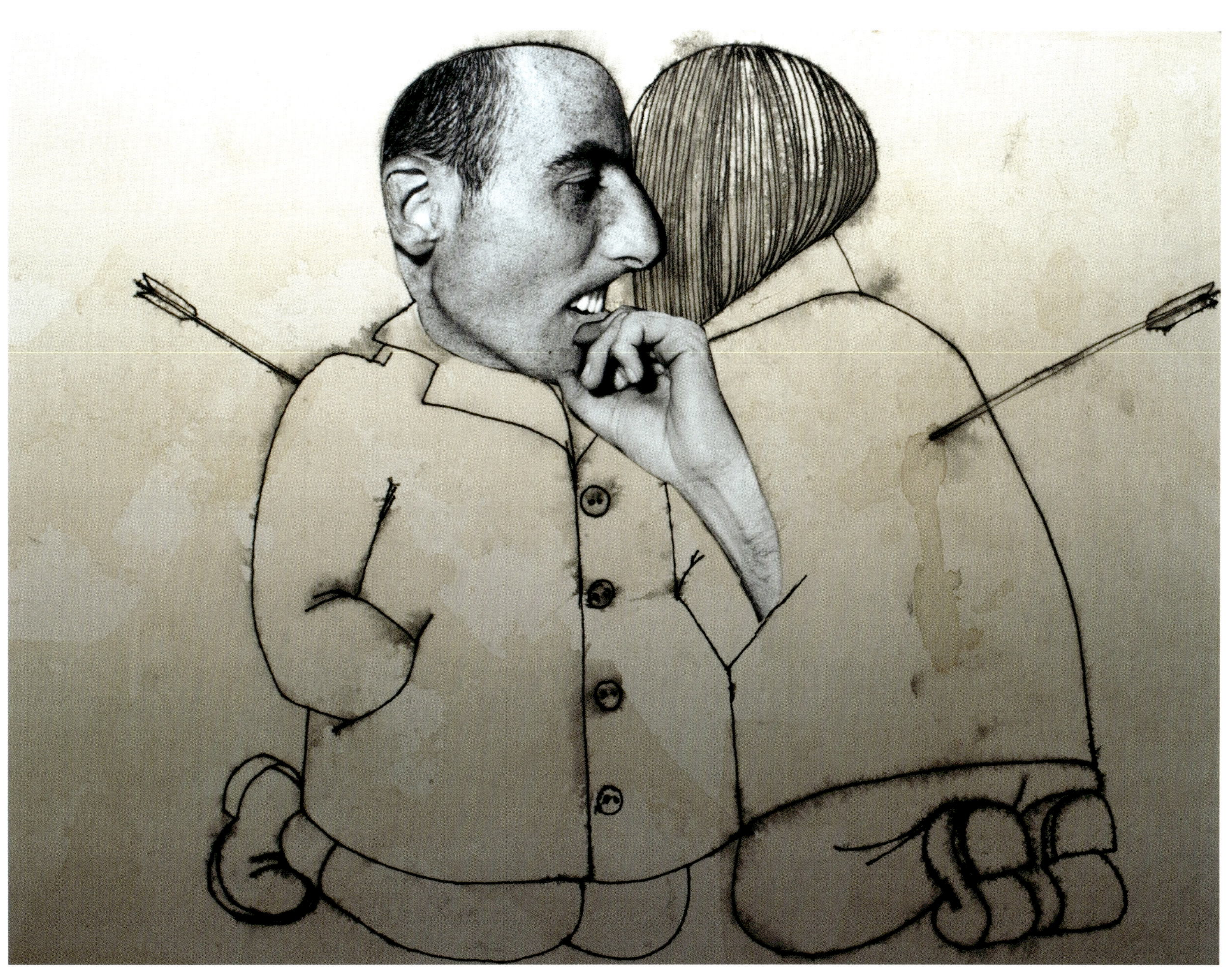

97 / Shot (2016) / 37 × 30 cm

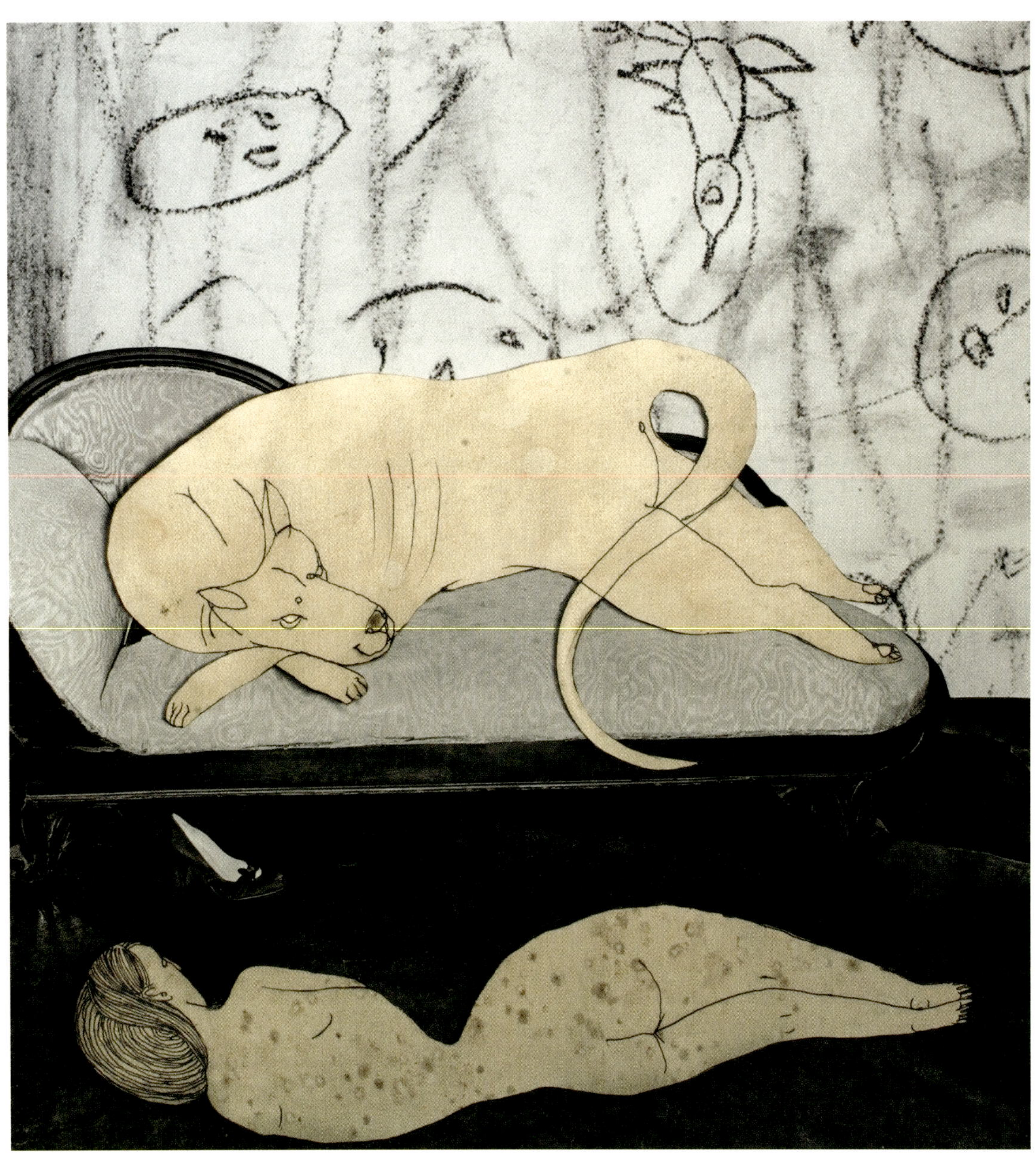

 / Reversal (2016) / 37 × 37 cm

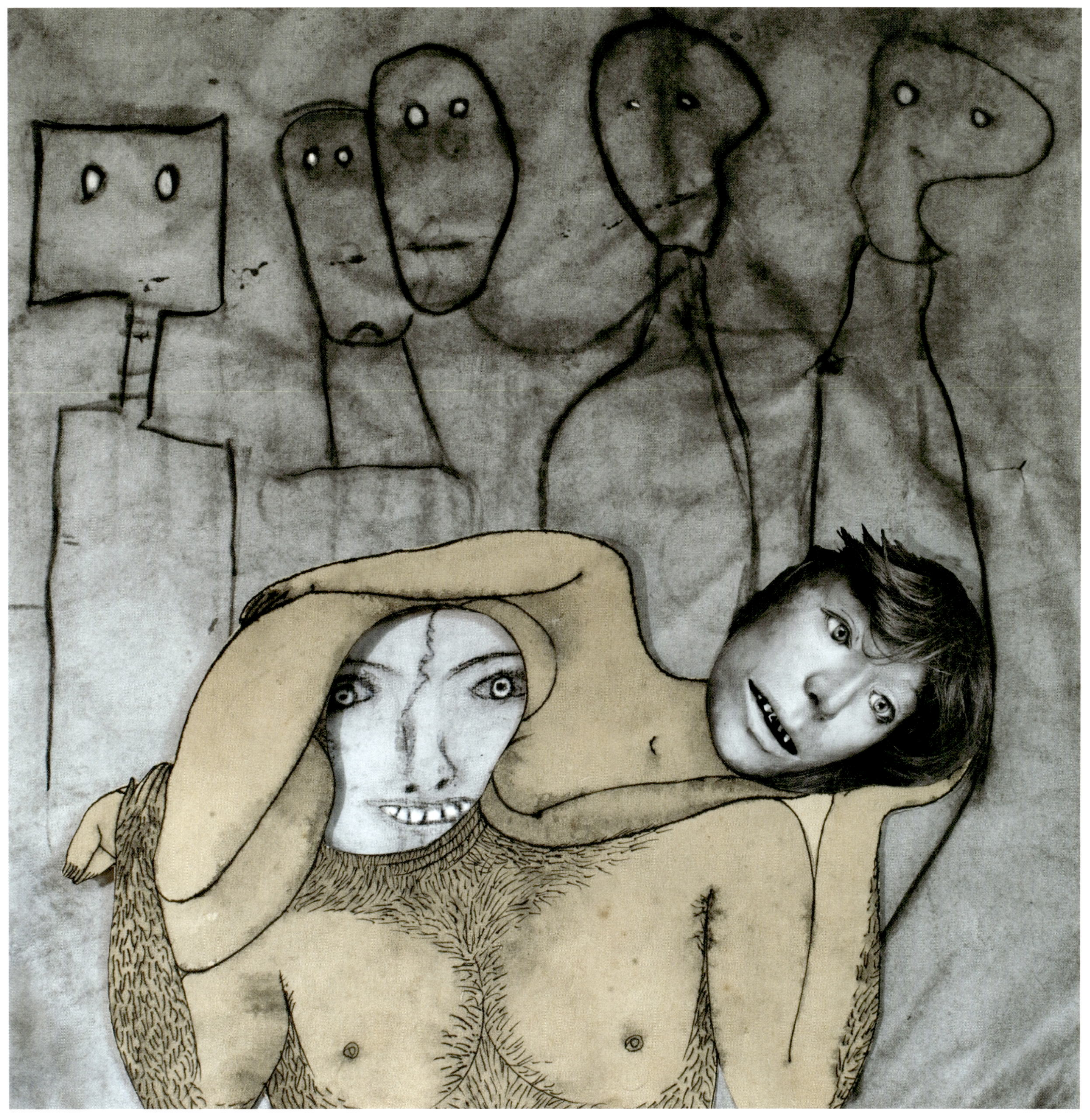

99 / Hug (2016) / 55 × 55 cm

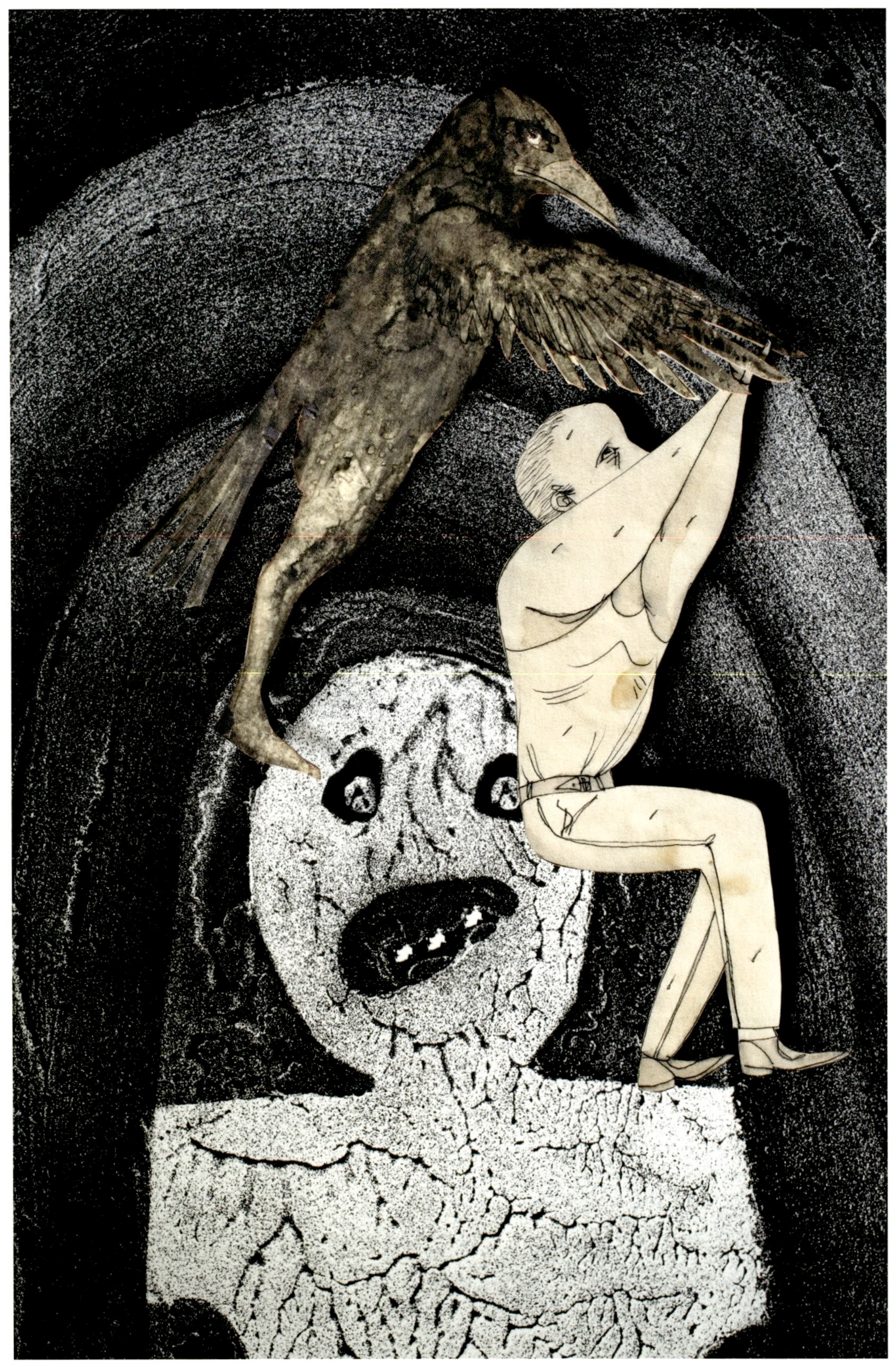

100 / Lift off (2016) / 38 × 55 cm

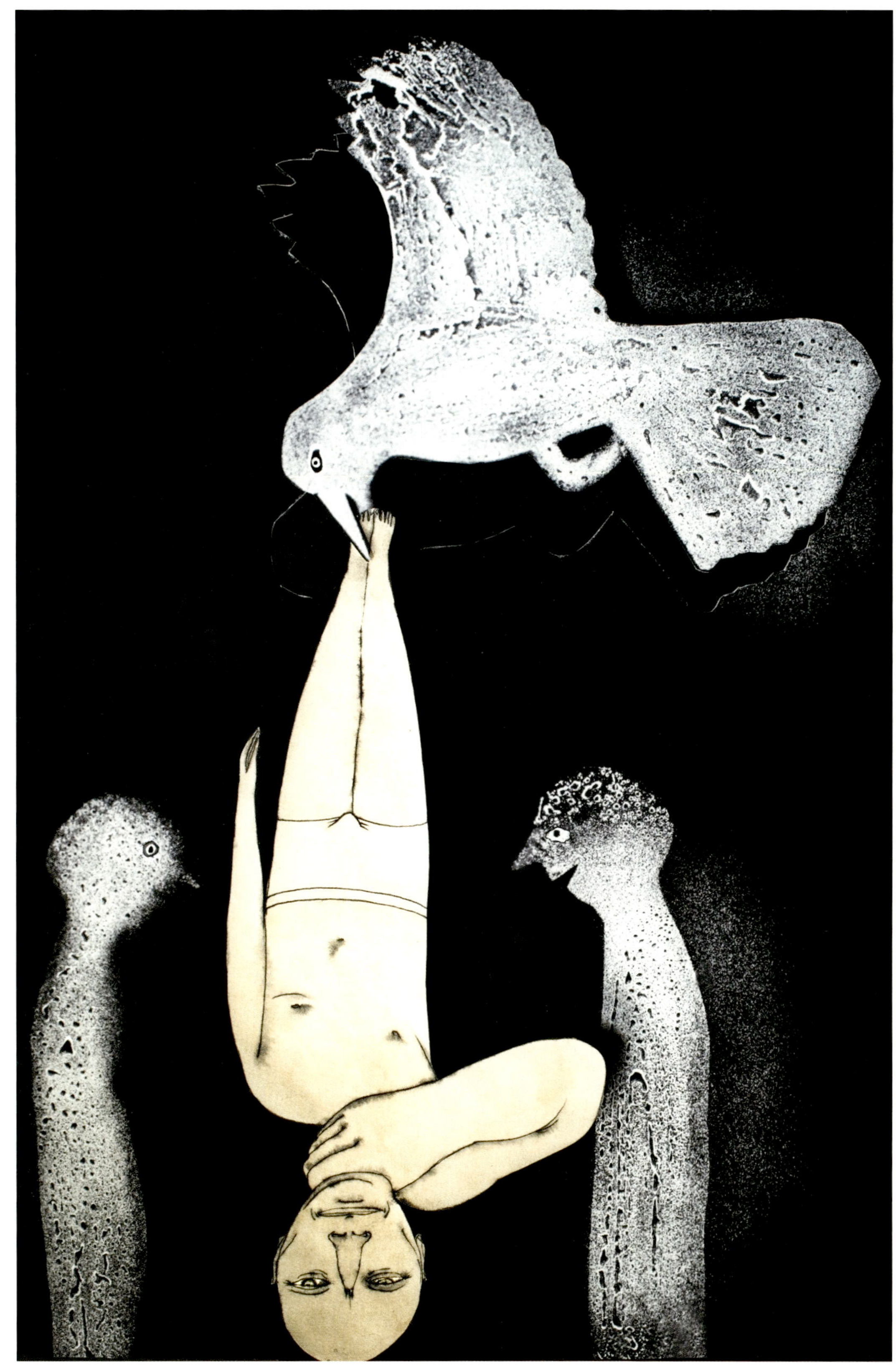

 / Flyby (2016) / 38 × 55 cm

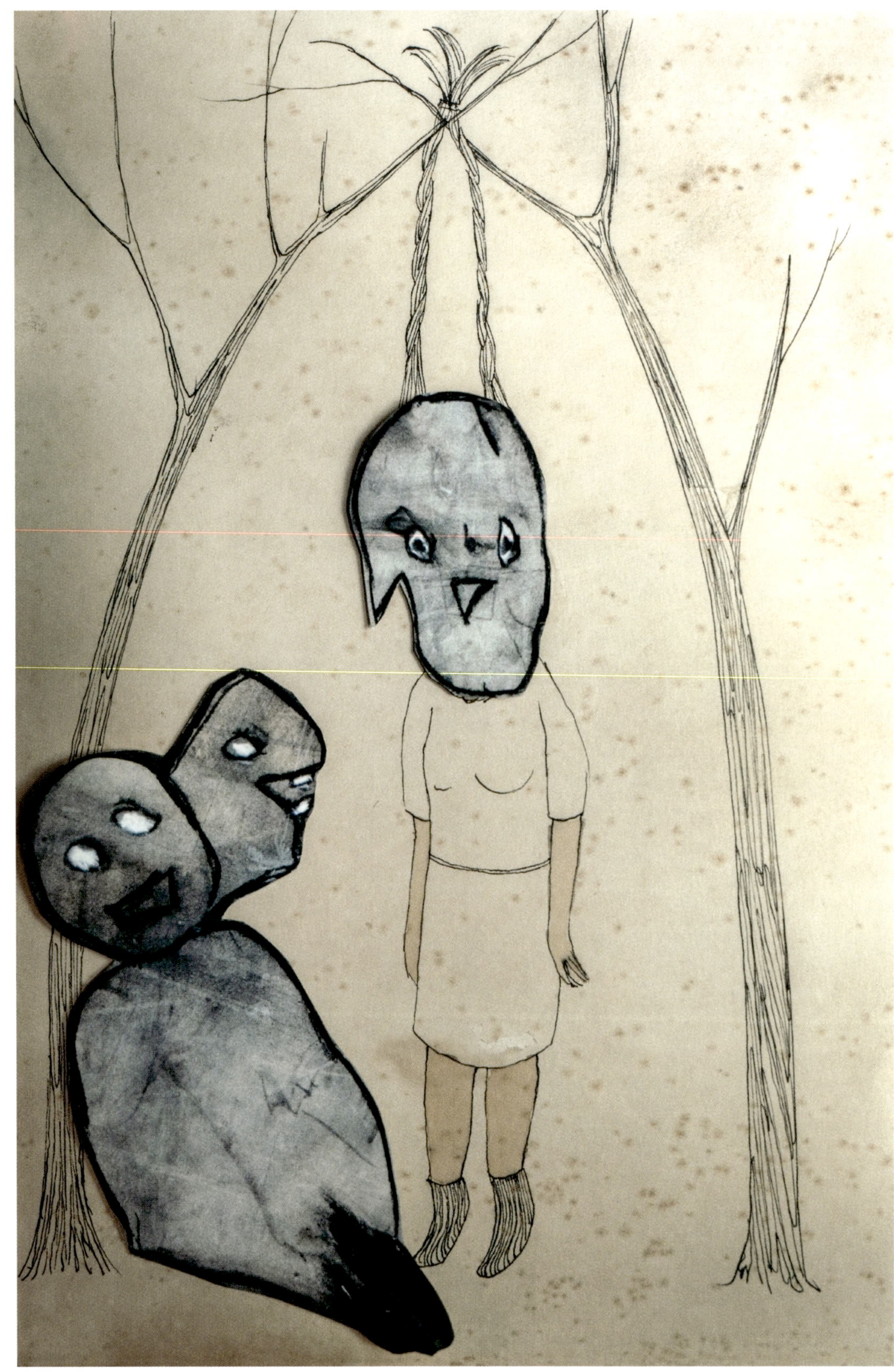

 / Entangled (2016) / 26 × 37 cm

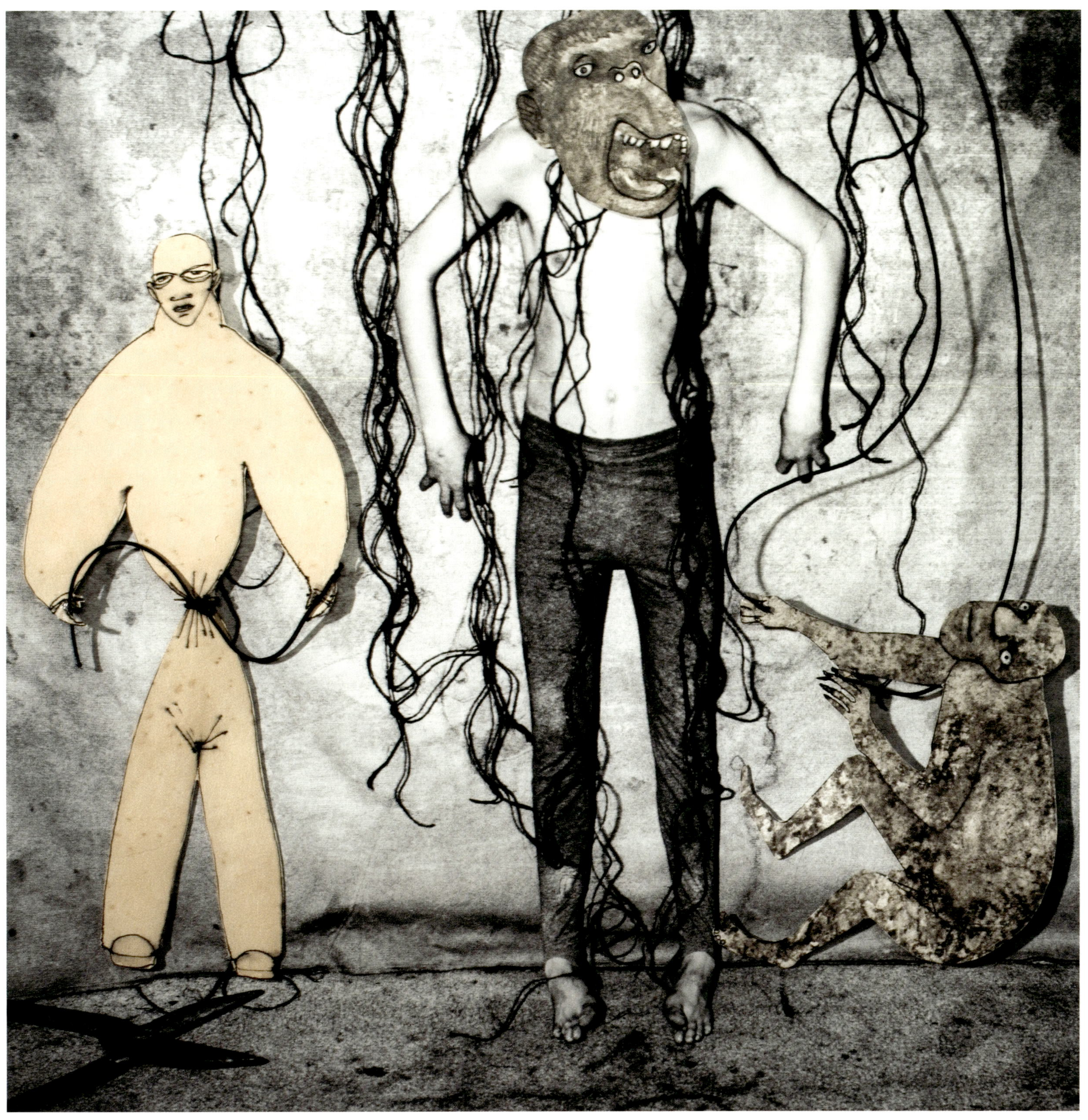

103 / Entanglement (2016) / 37 × 37 cm

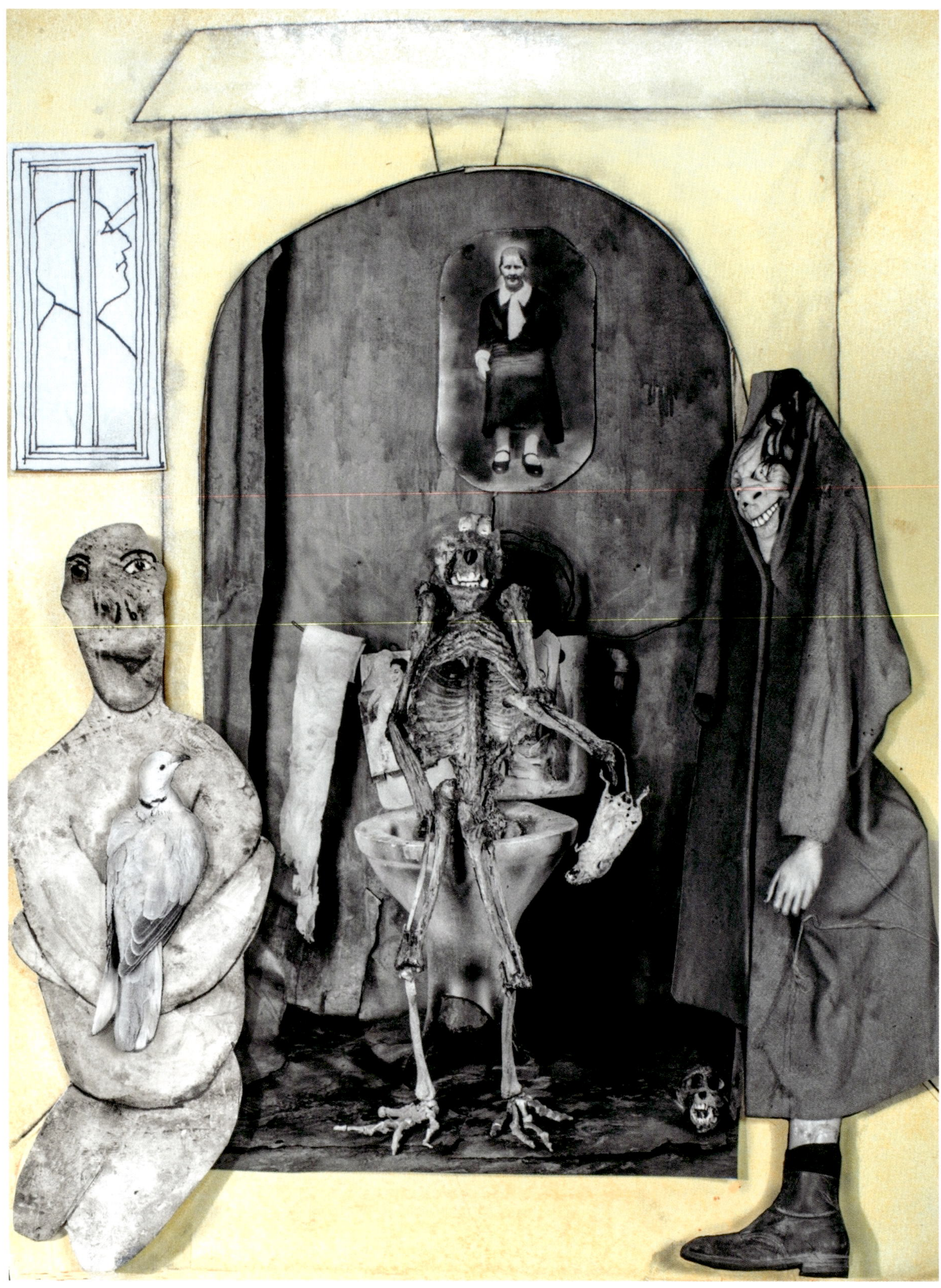

 / Guardians (2016) / 29 × 37 cm

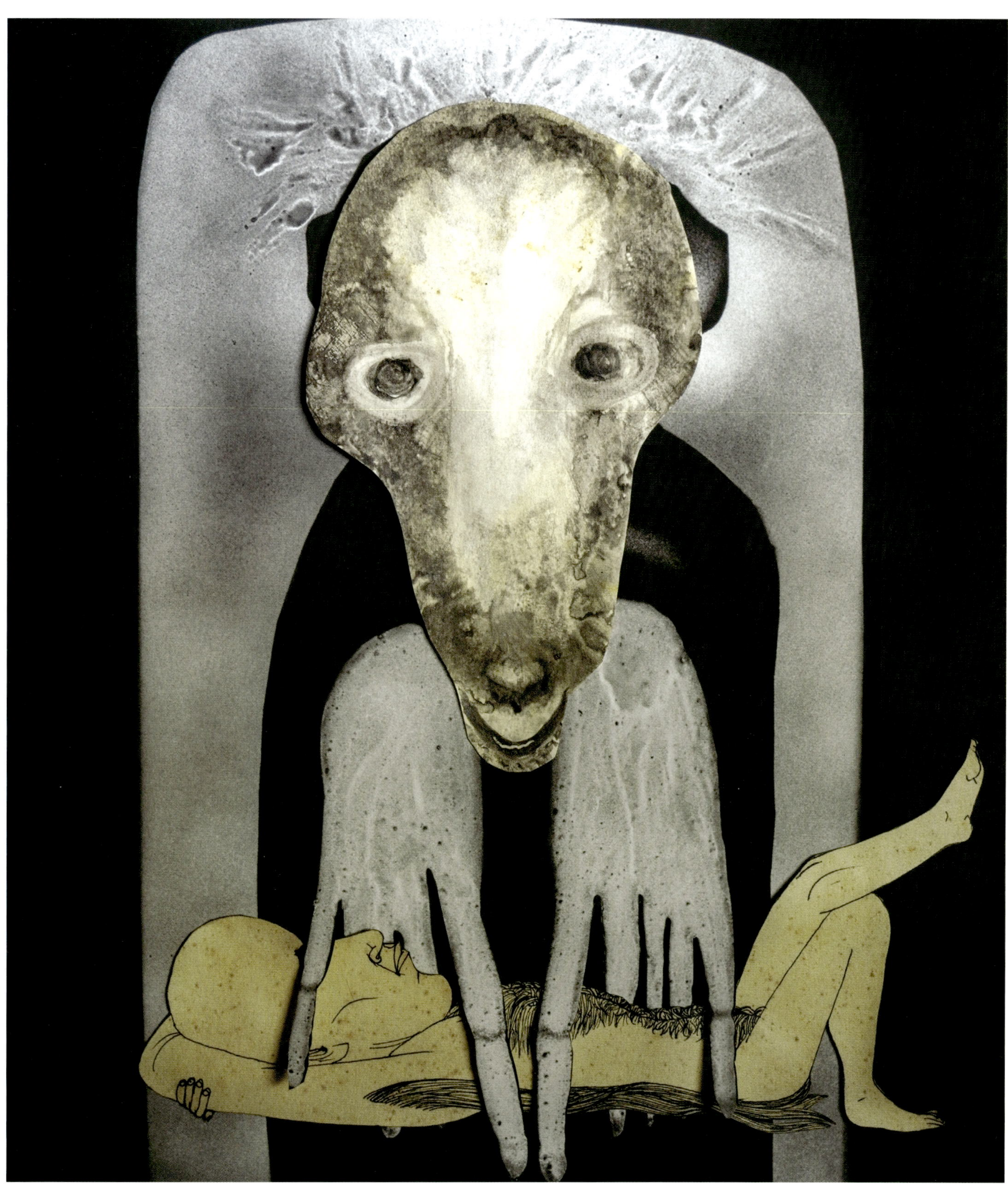

105 / Embraced (2016) / 49 × 55 cm

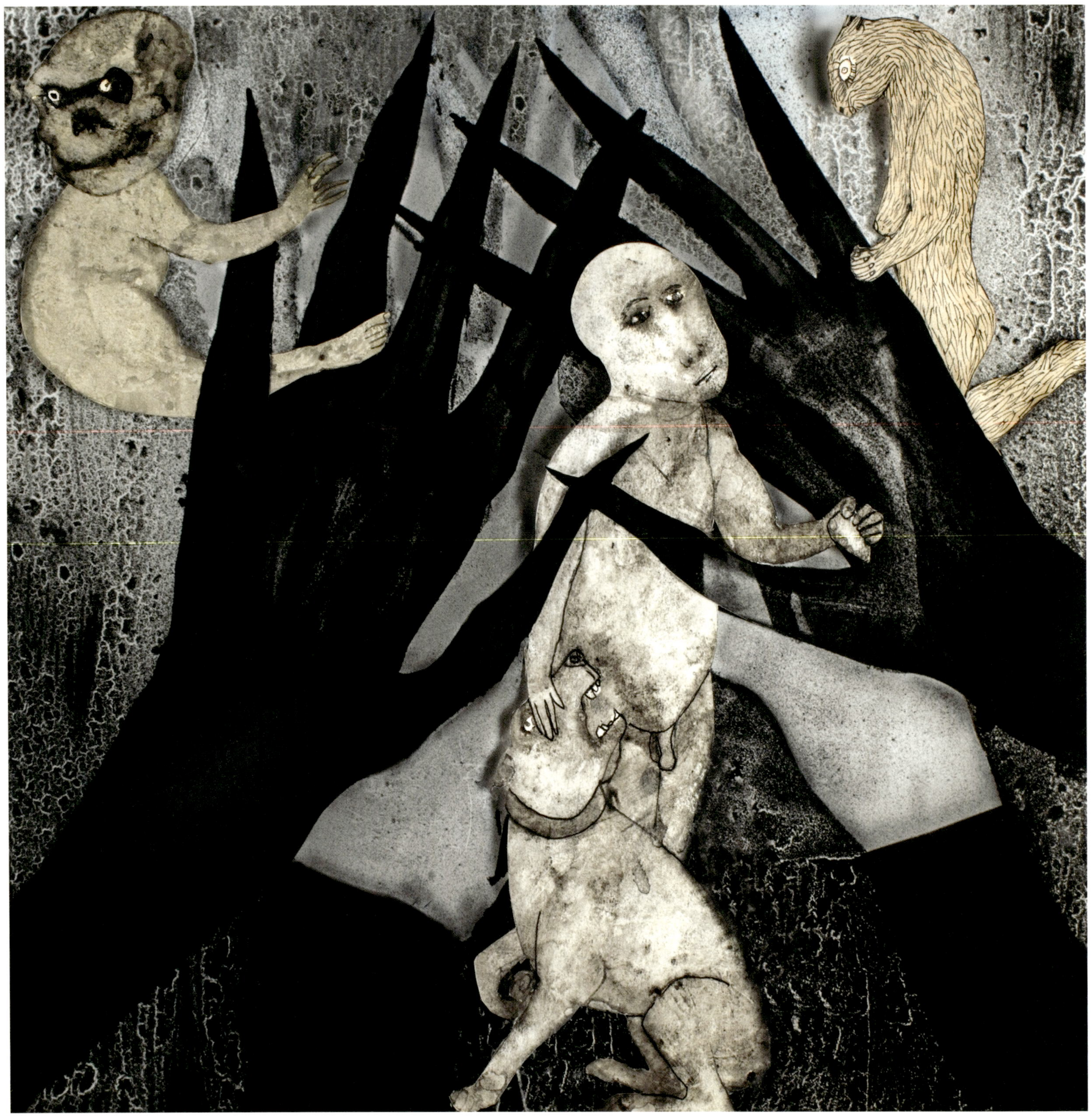

106 / Enchanted forest (2016) / 55 × 55 cm

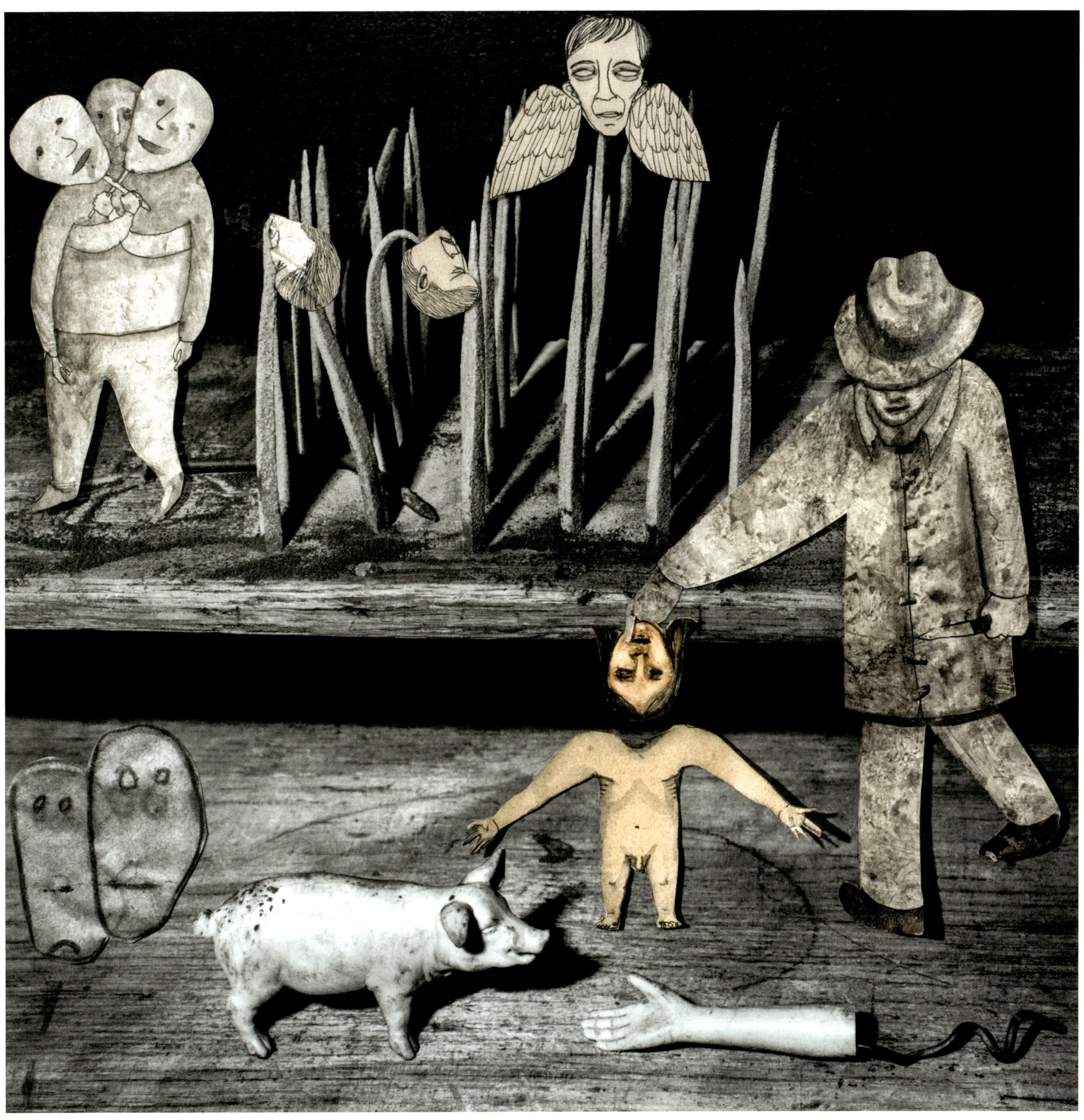

107 / Brokenhearted (2016) / 55 × 55 cm

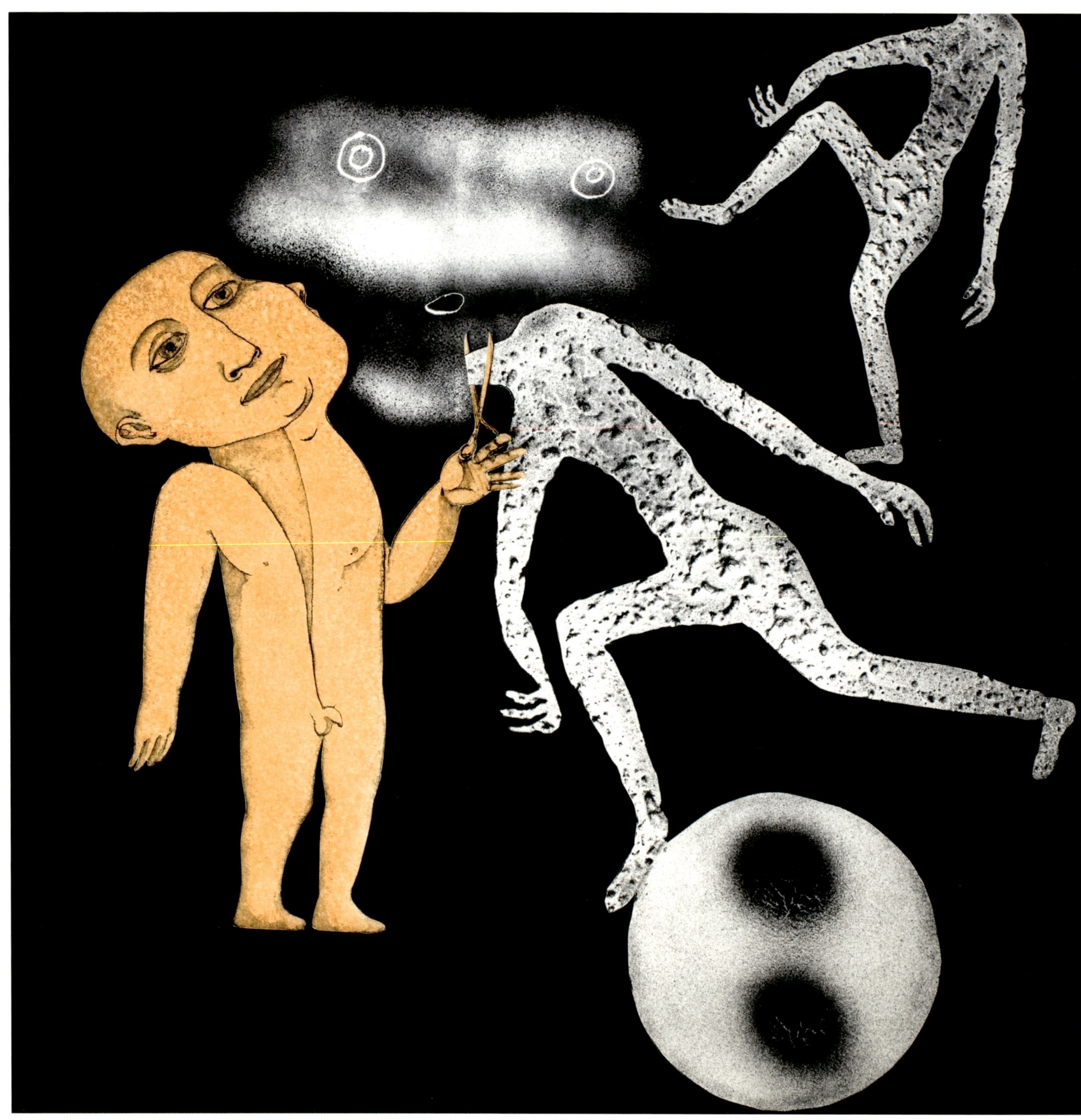

 / Cut (2016) / 55 × 55 cm

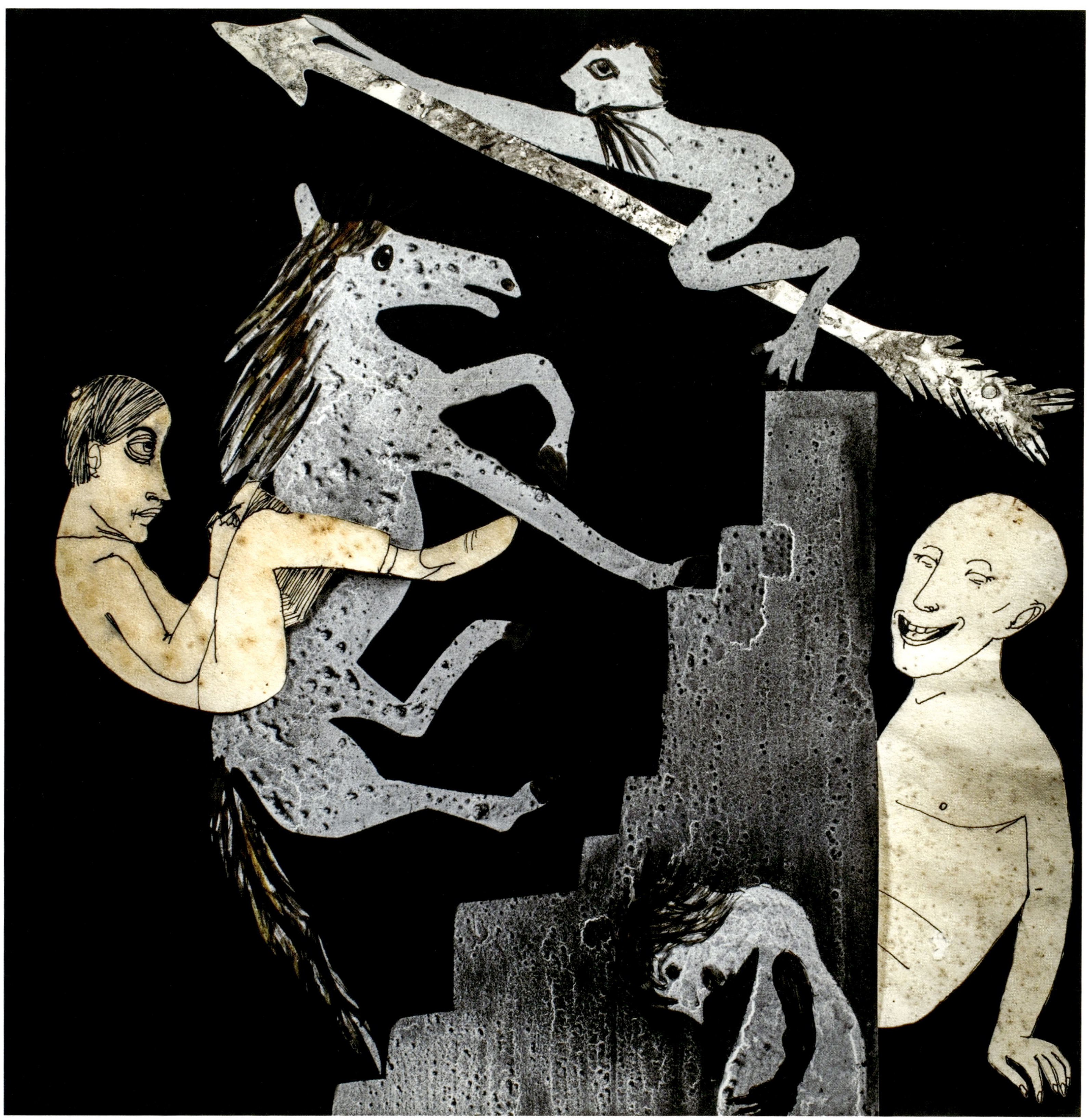

109 / Climbing (2016) / 55 × 55 cm

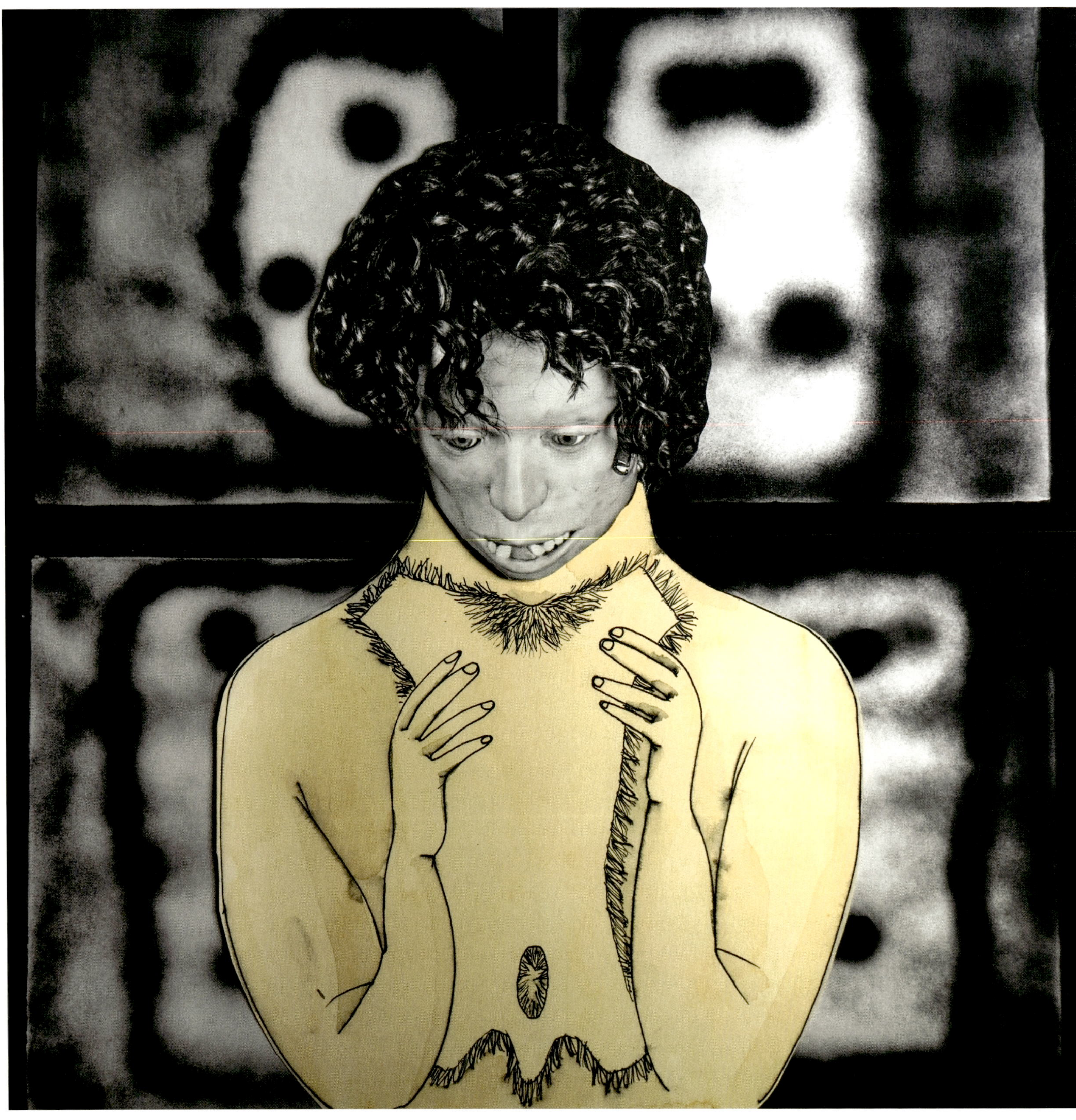

Hans Lemmen – *Unleashed*

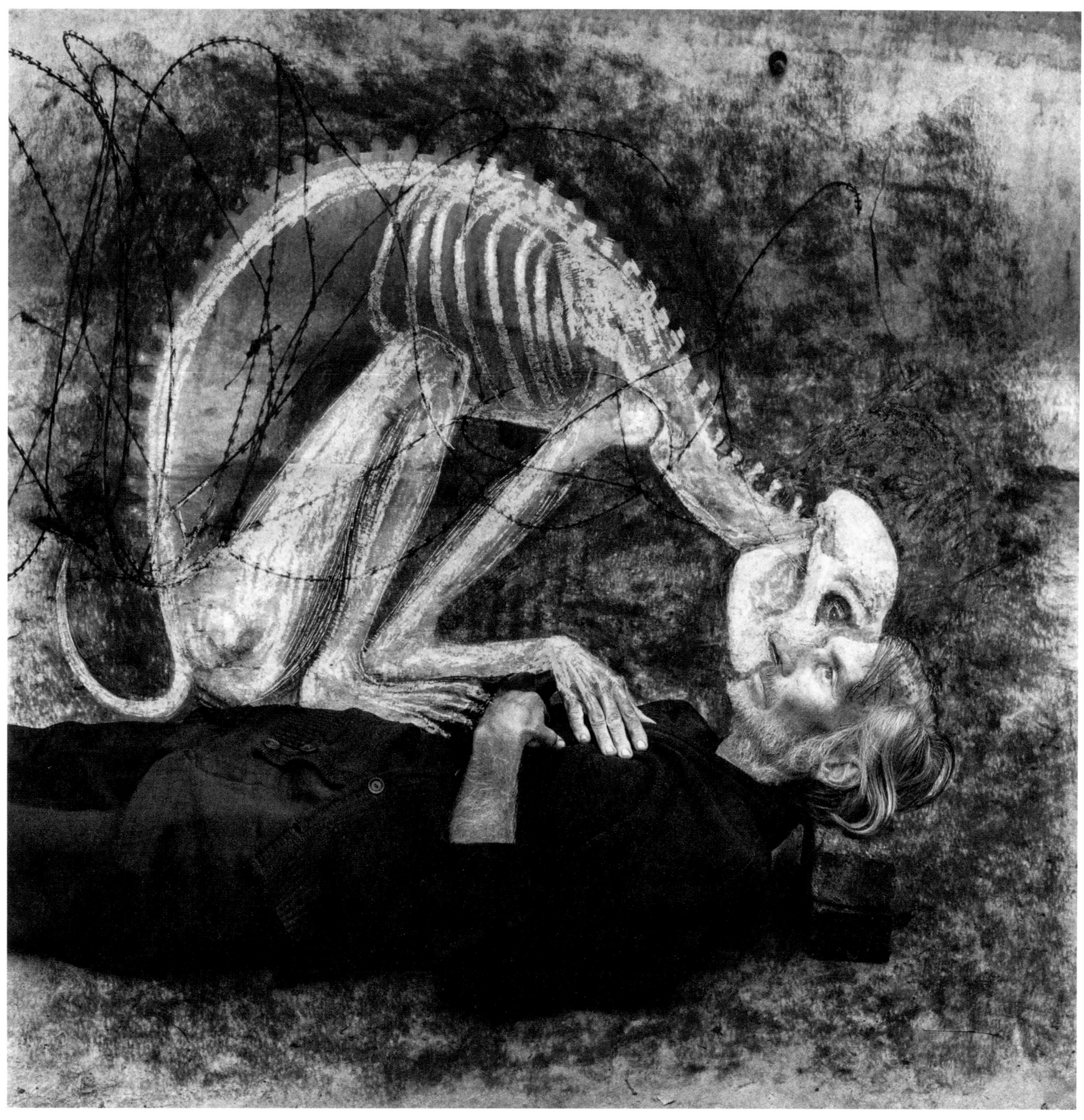

115 / Rendez-vous (2016) / 45 × 45 cm

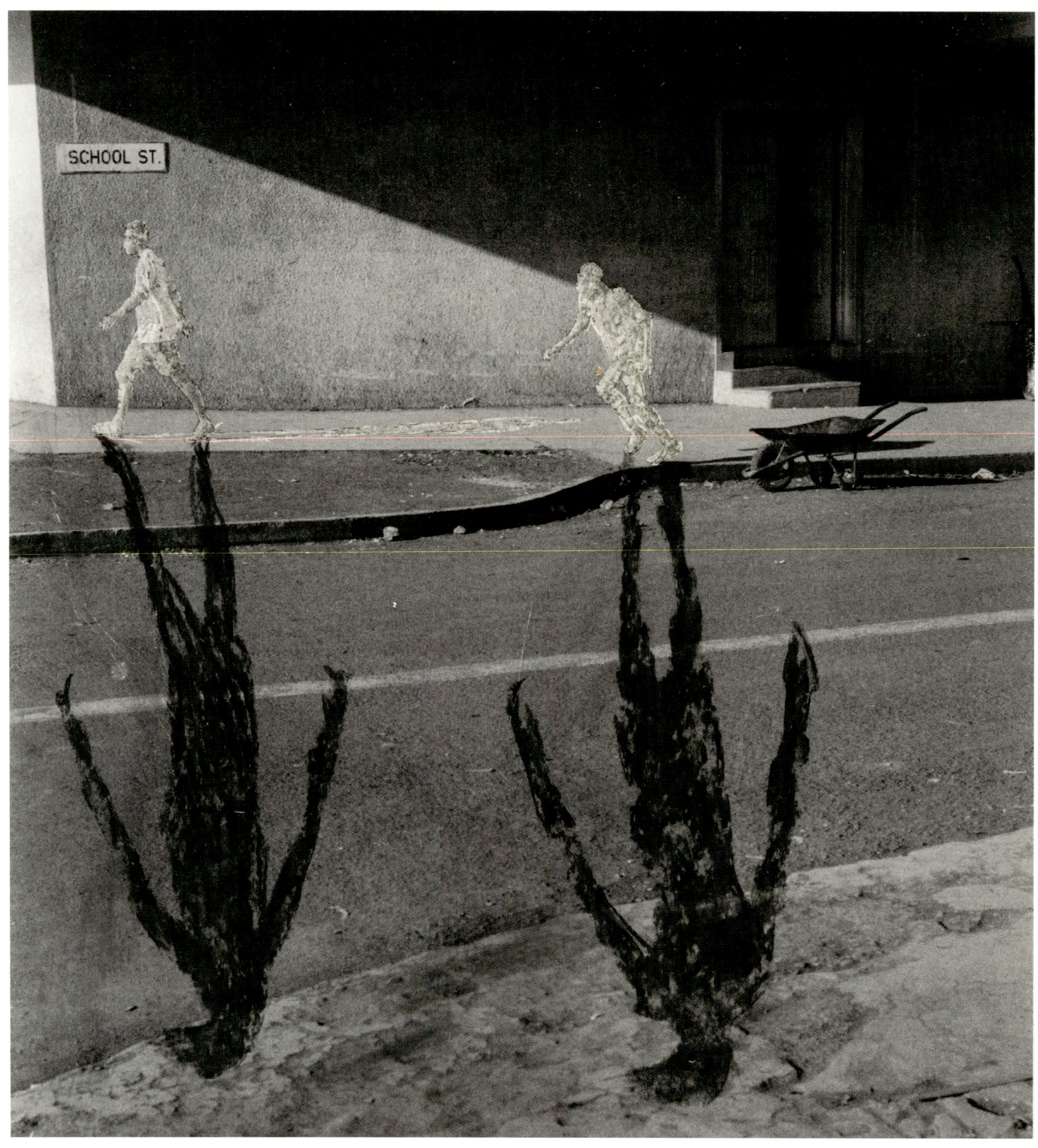

116 / Shadowplay (2016) / 25 × 27 cm

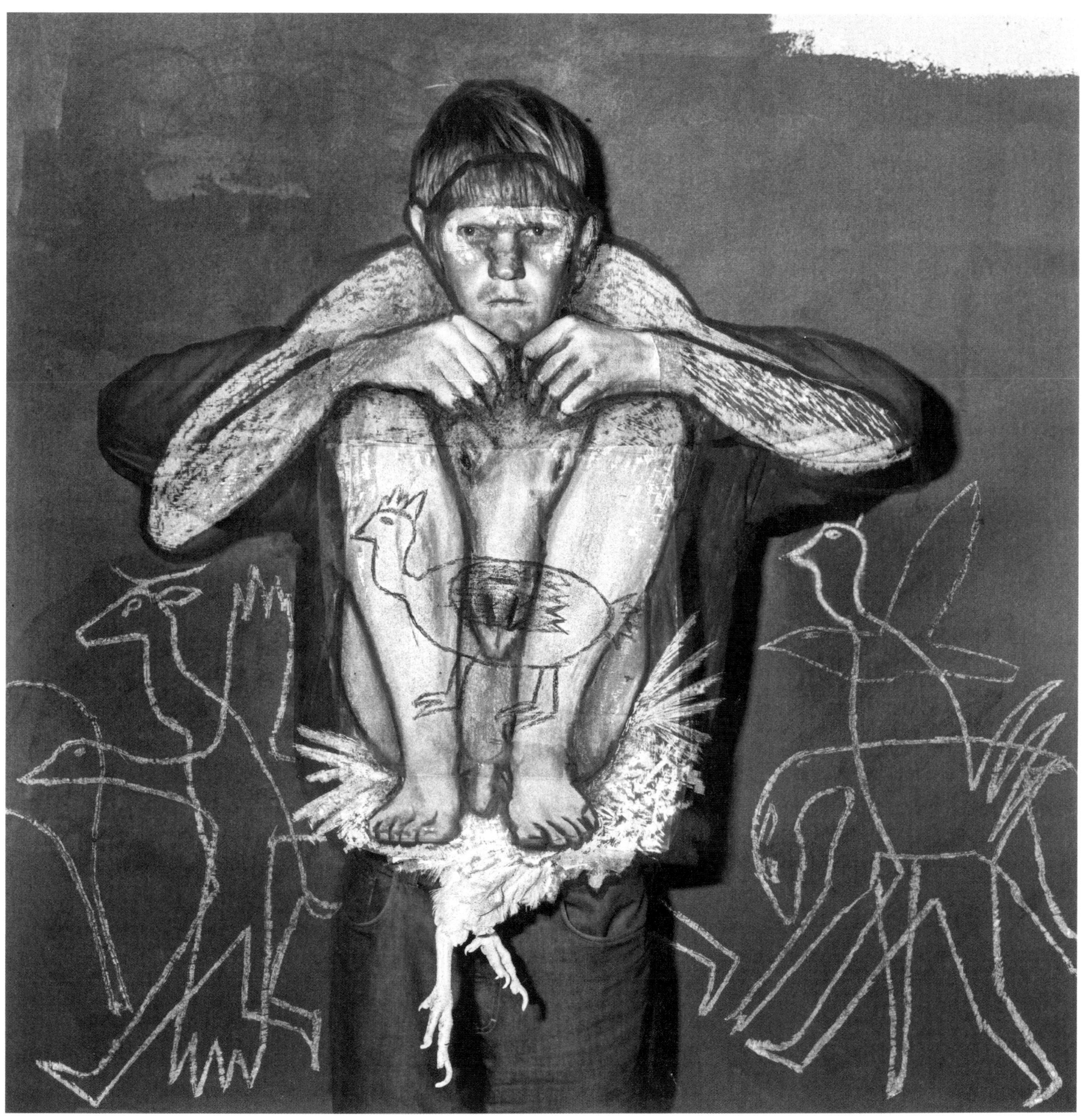

117 / Unleashed (2016) / 36 × 36 cm

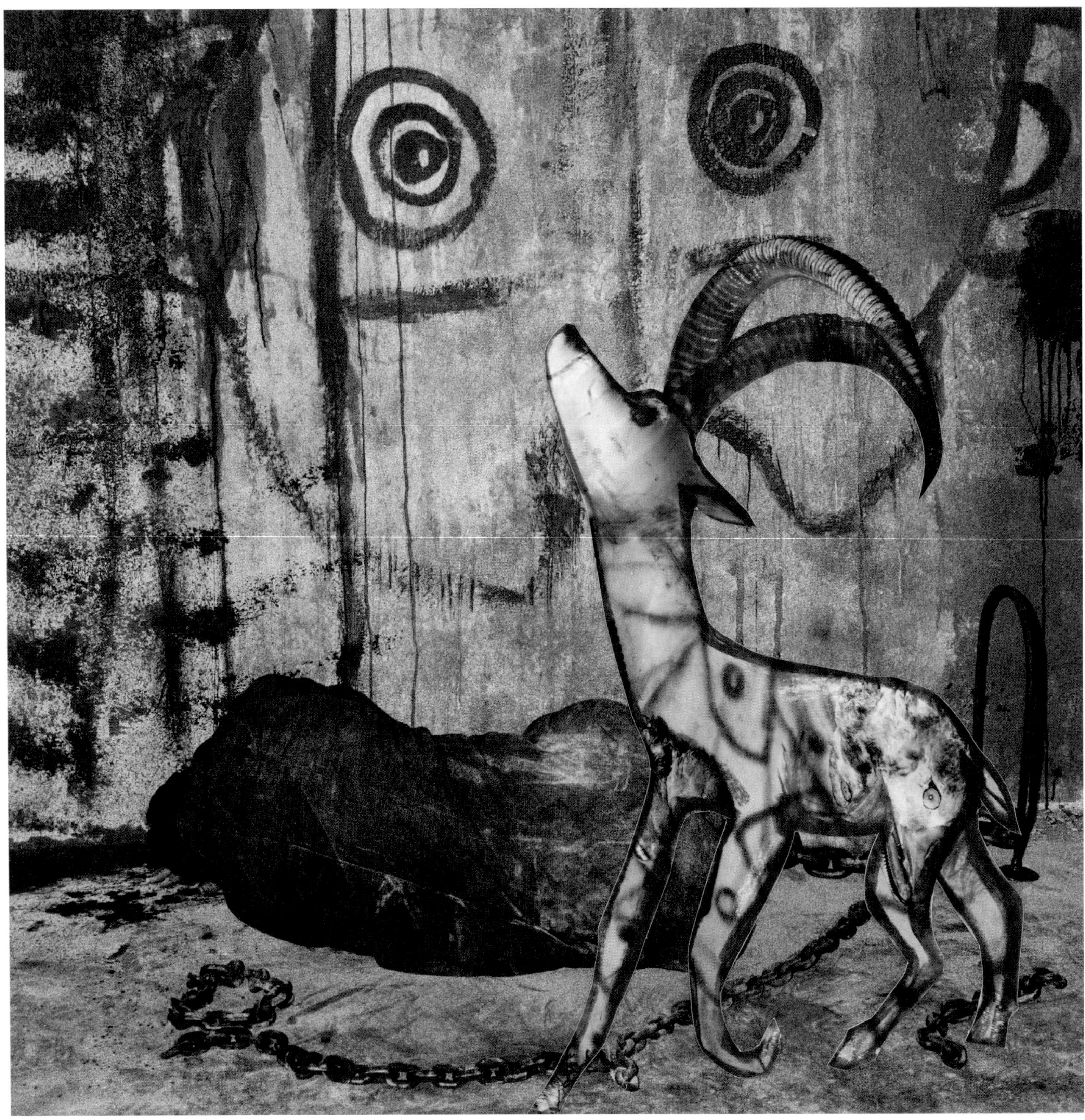

 / Unicorn (2016) / 44 × 44 cm

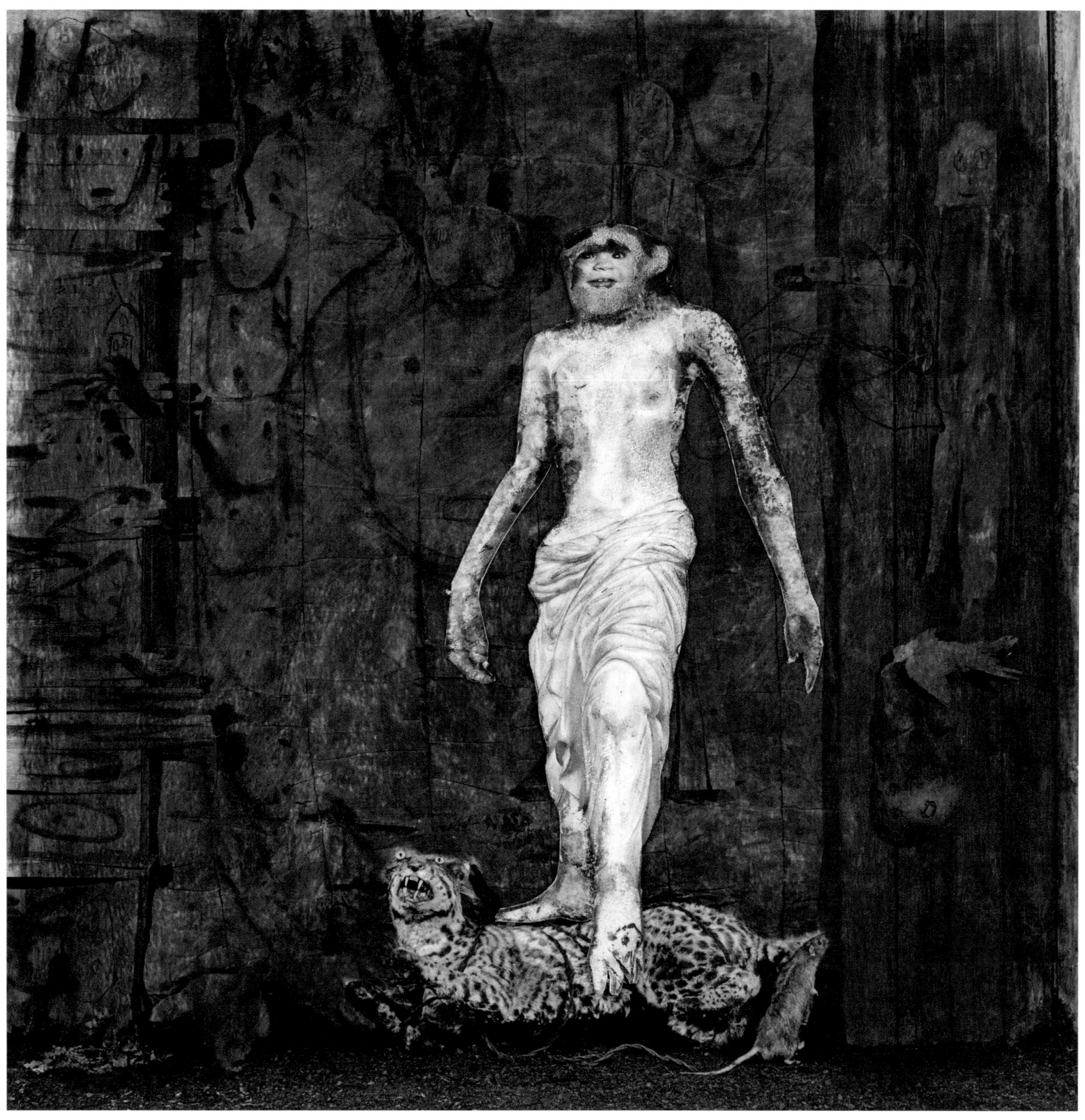

119 / Conqueror (2016) / 36 × 36 cm

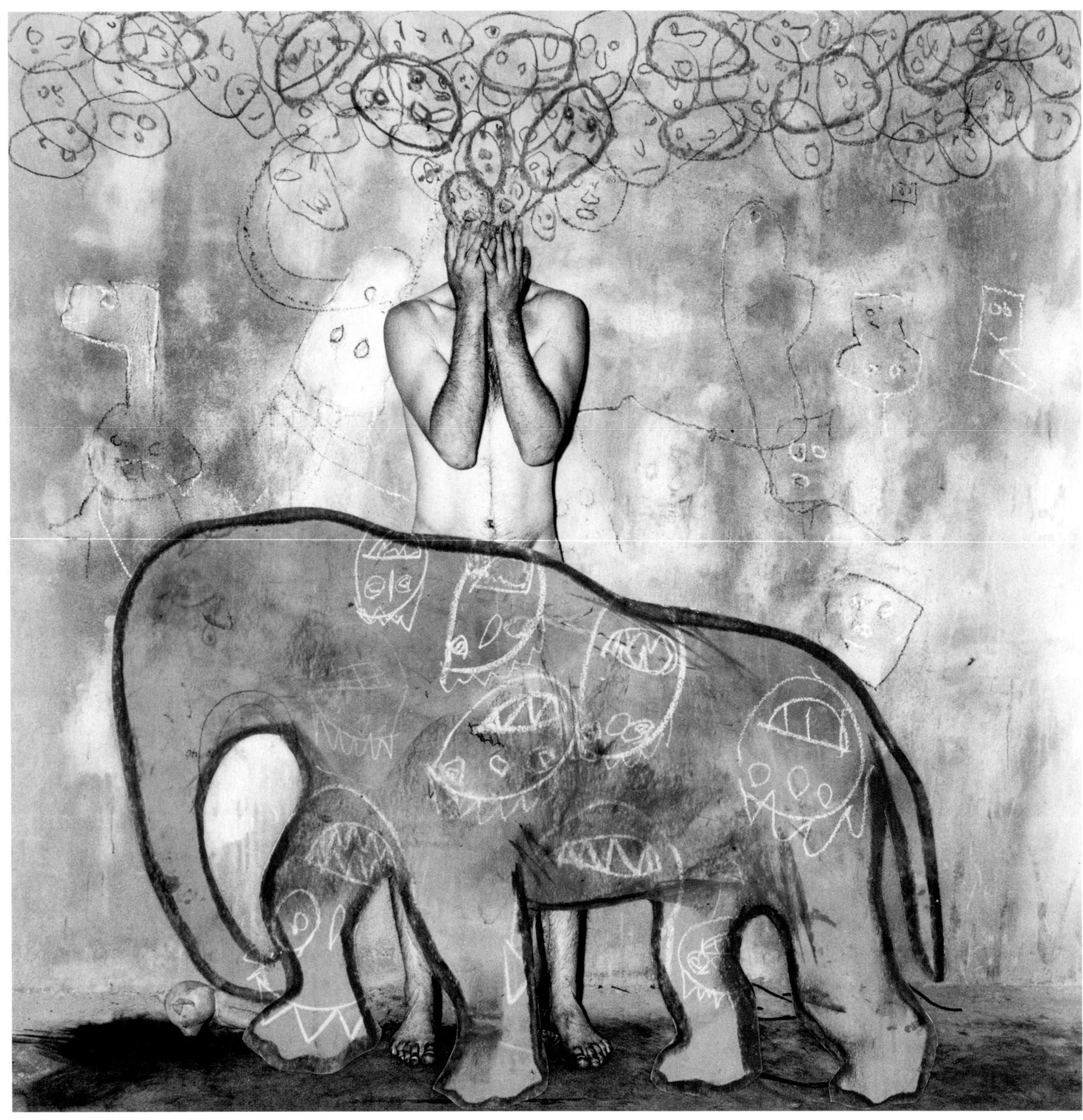

120 / Elephantman (2016) / 44 × 44 cm

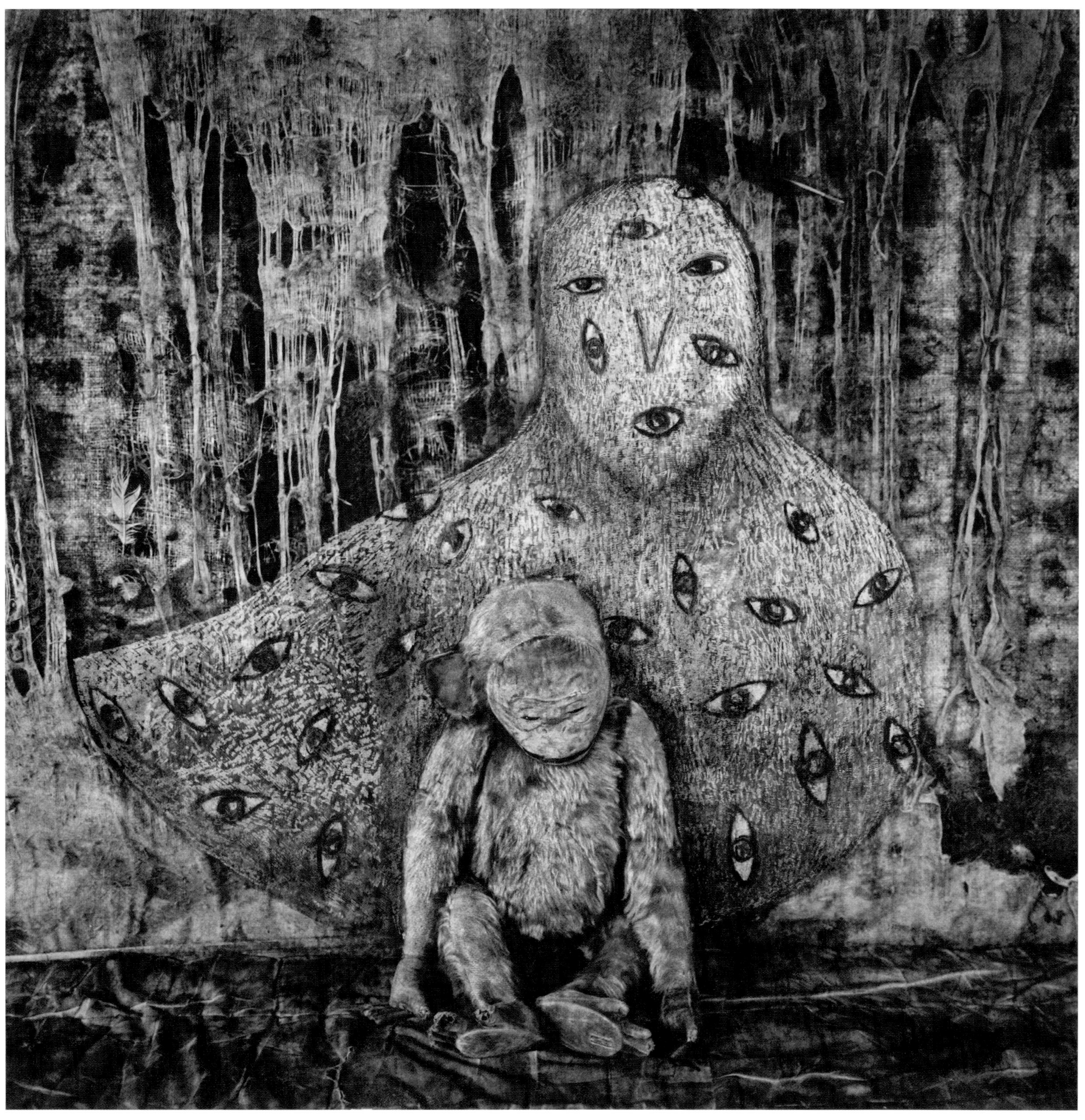

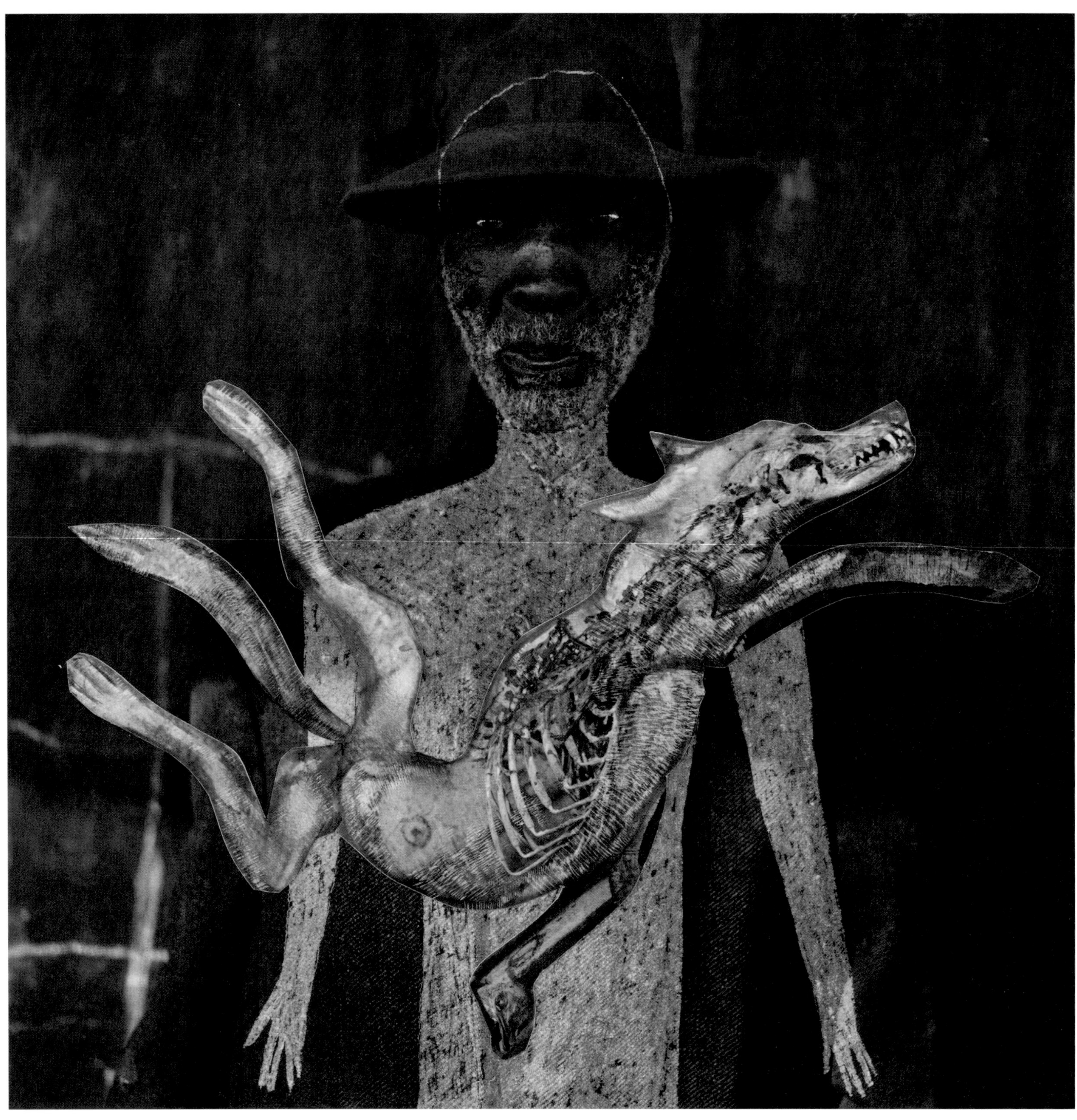

 / Man with hat (2016) / 36 × 36 cm

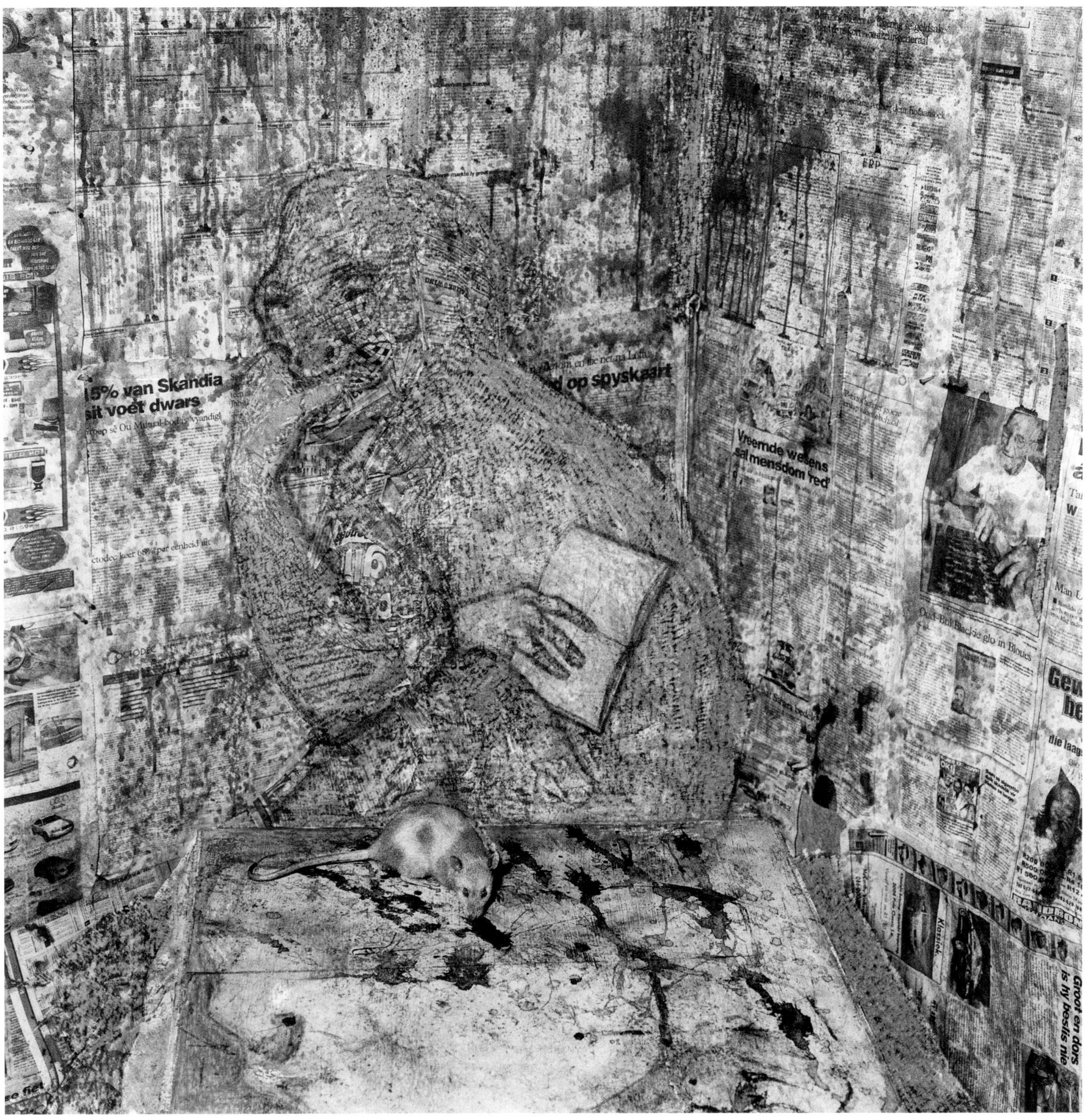

123 / Strange creature (2016) / 44 × 44 cm

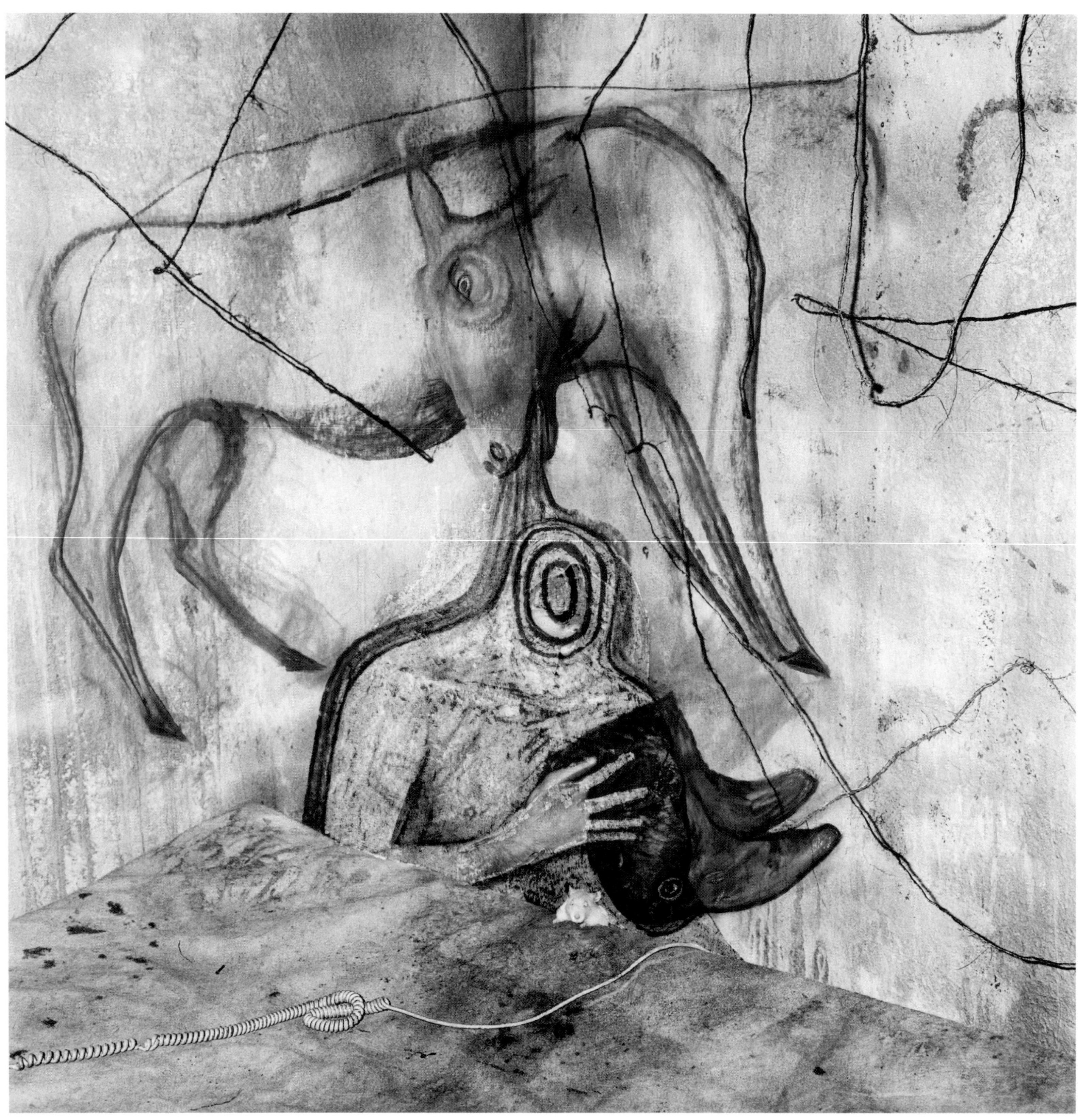

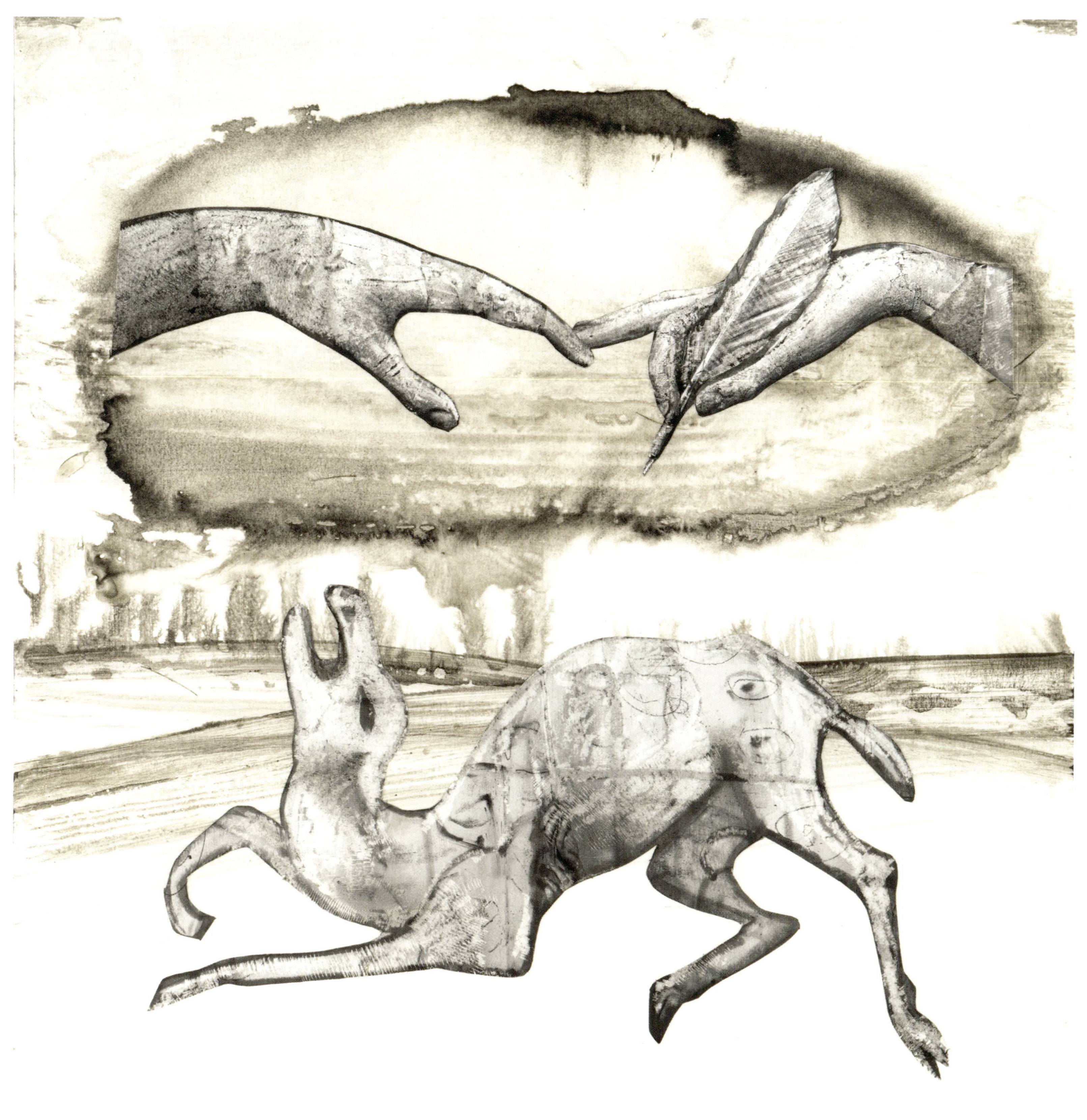

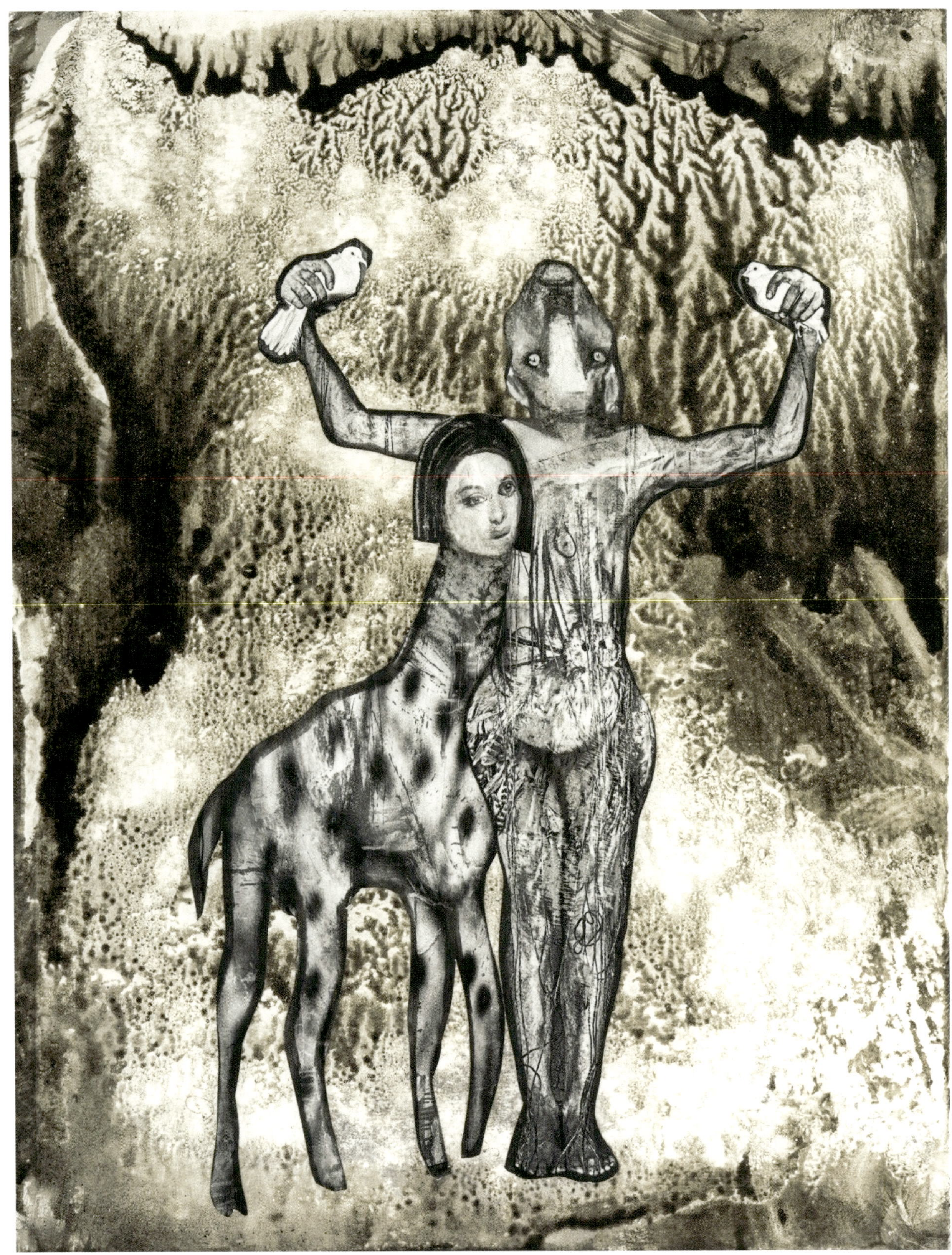

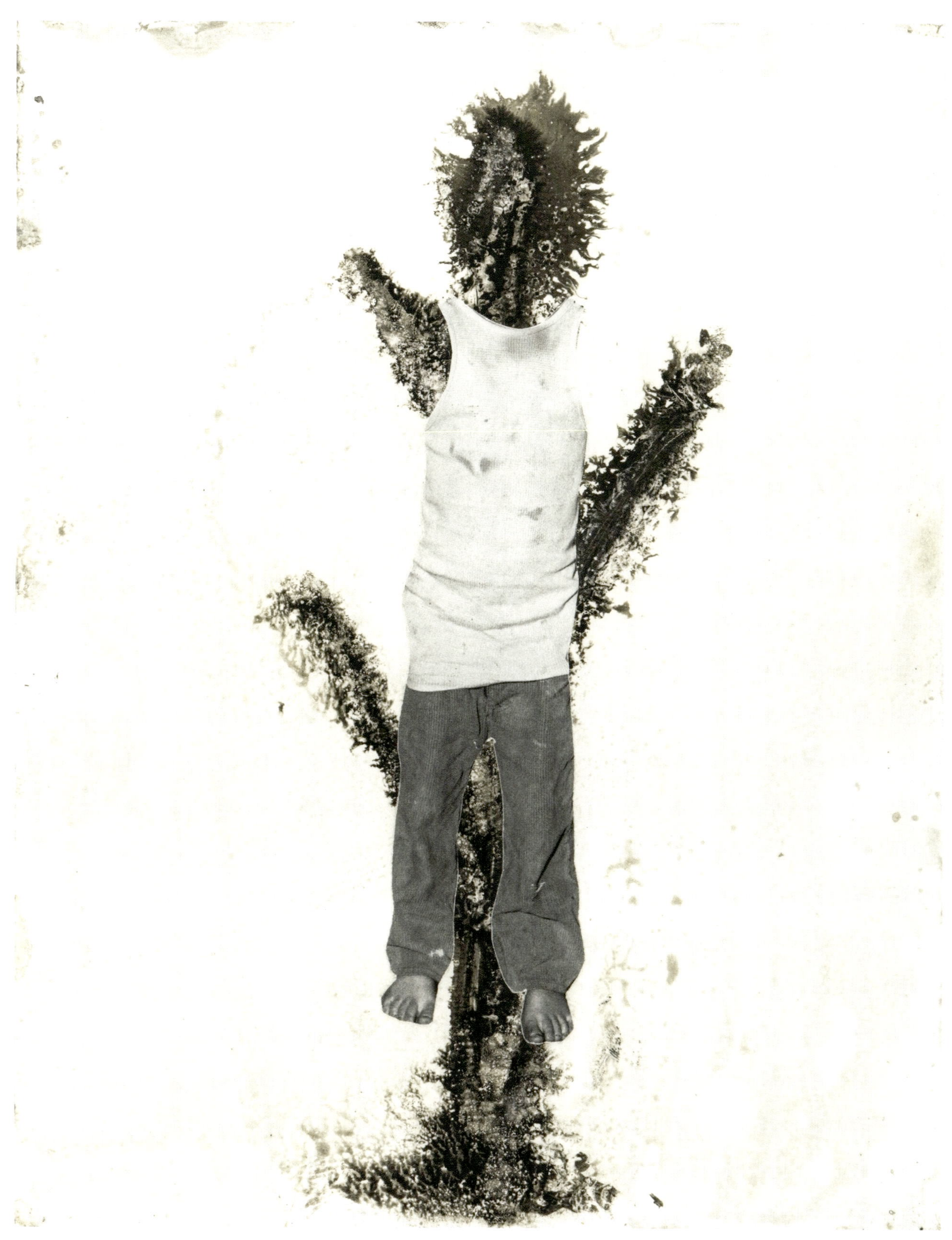

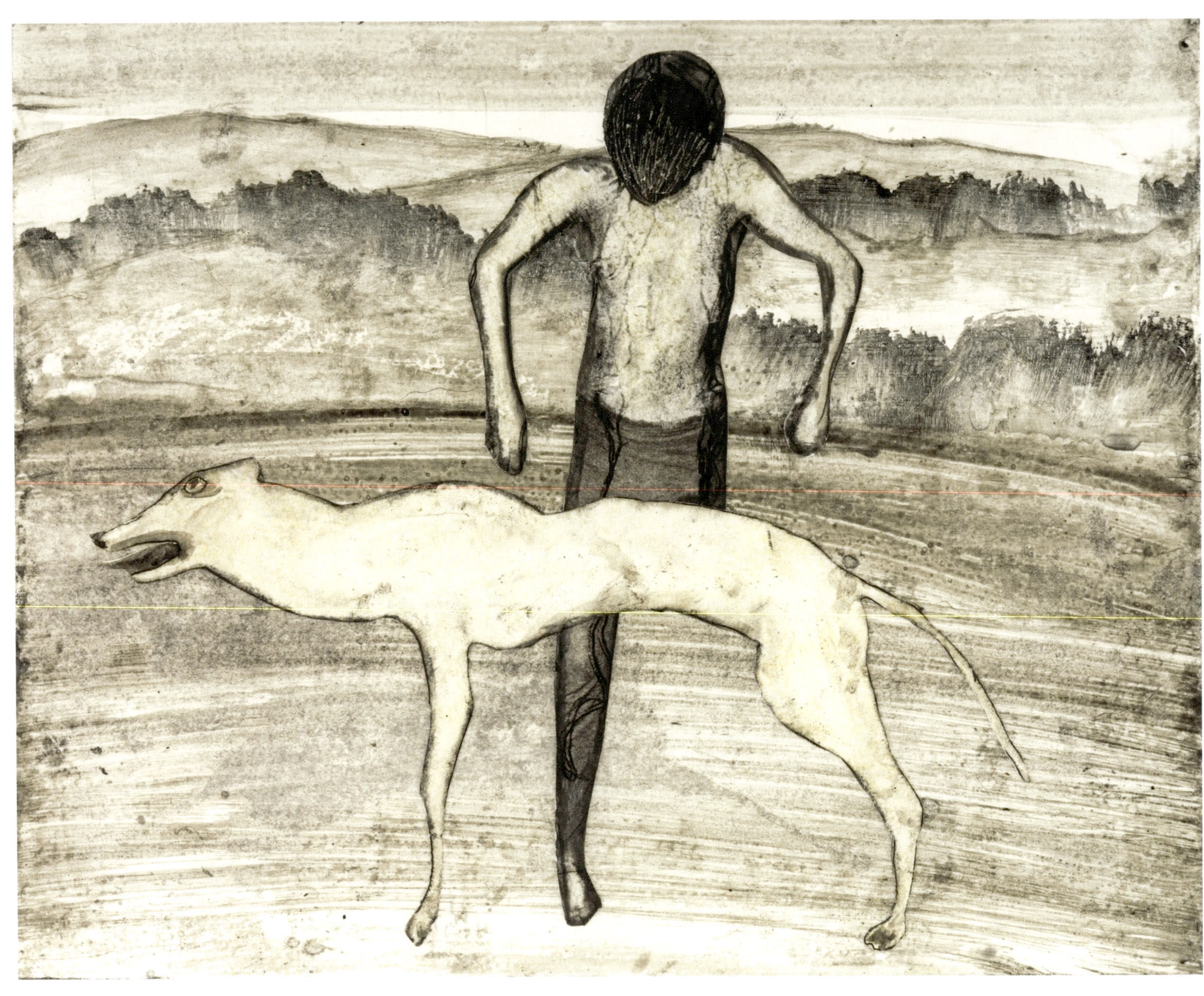

128 / Three legs (2016) / 33 × 25 cm

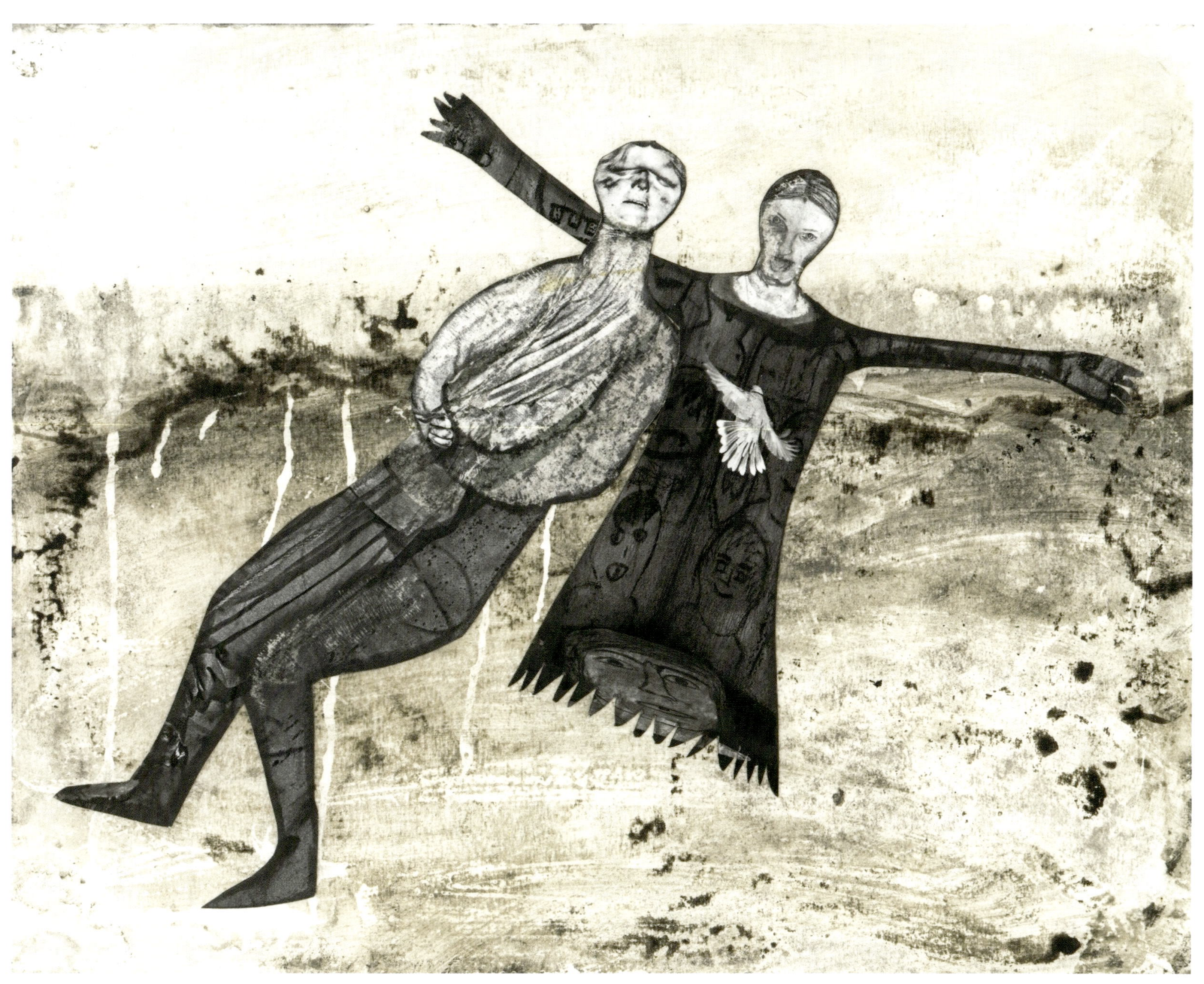

129 / Flying couple (2016) / 41 × 32 cm

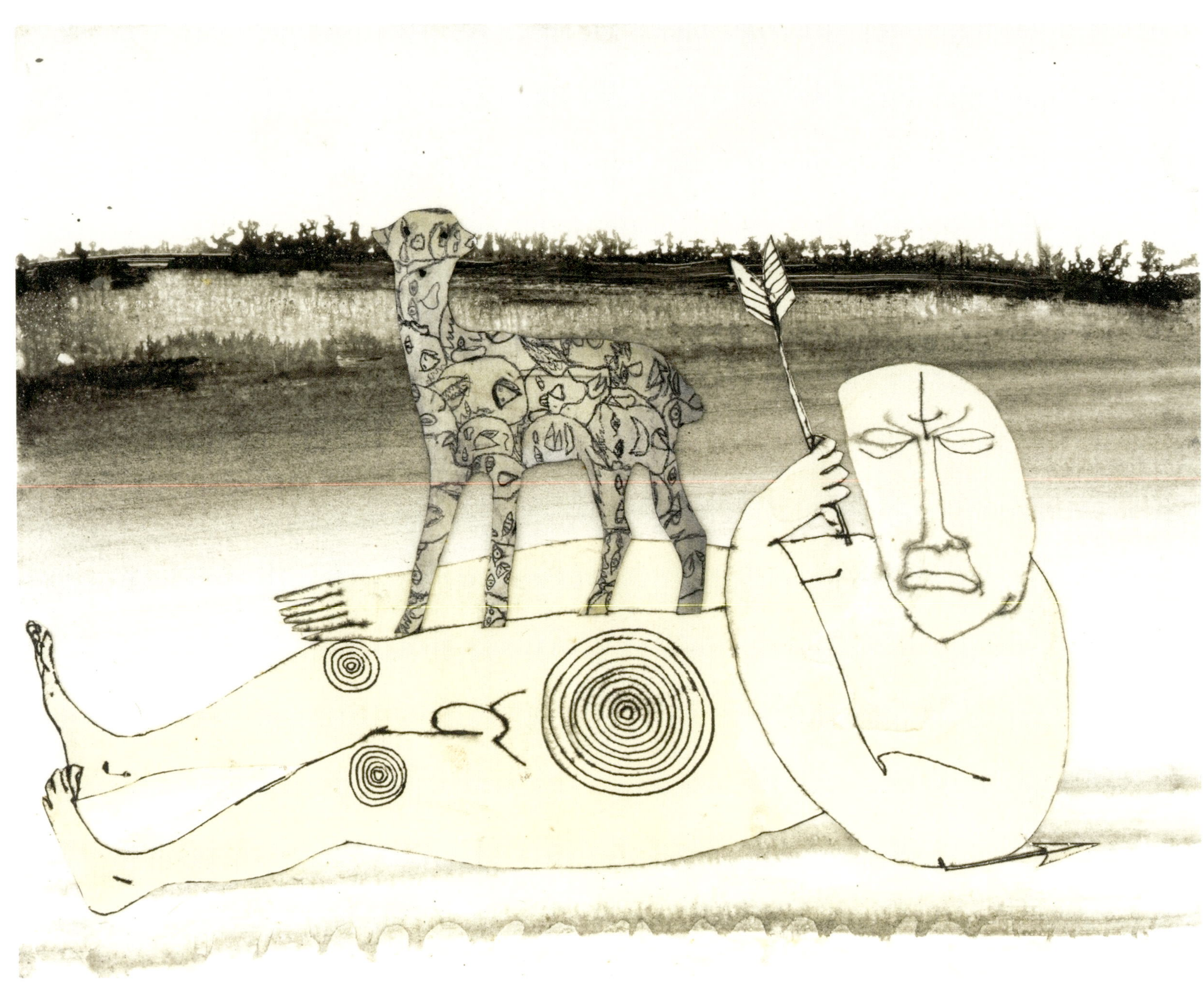

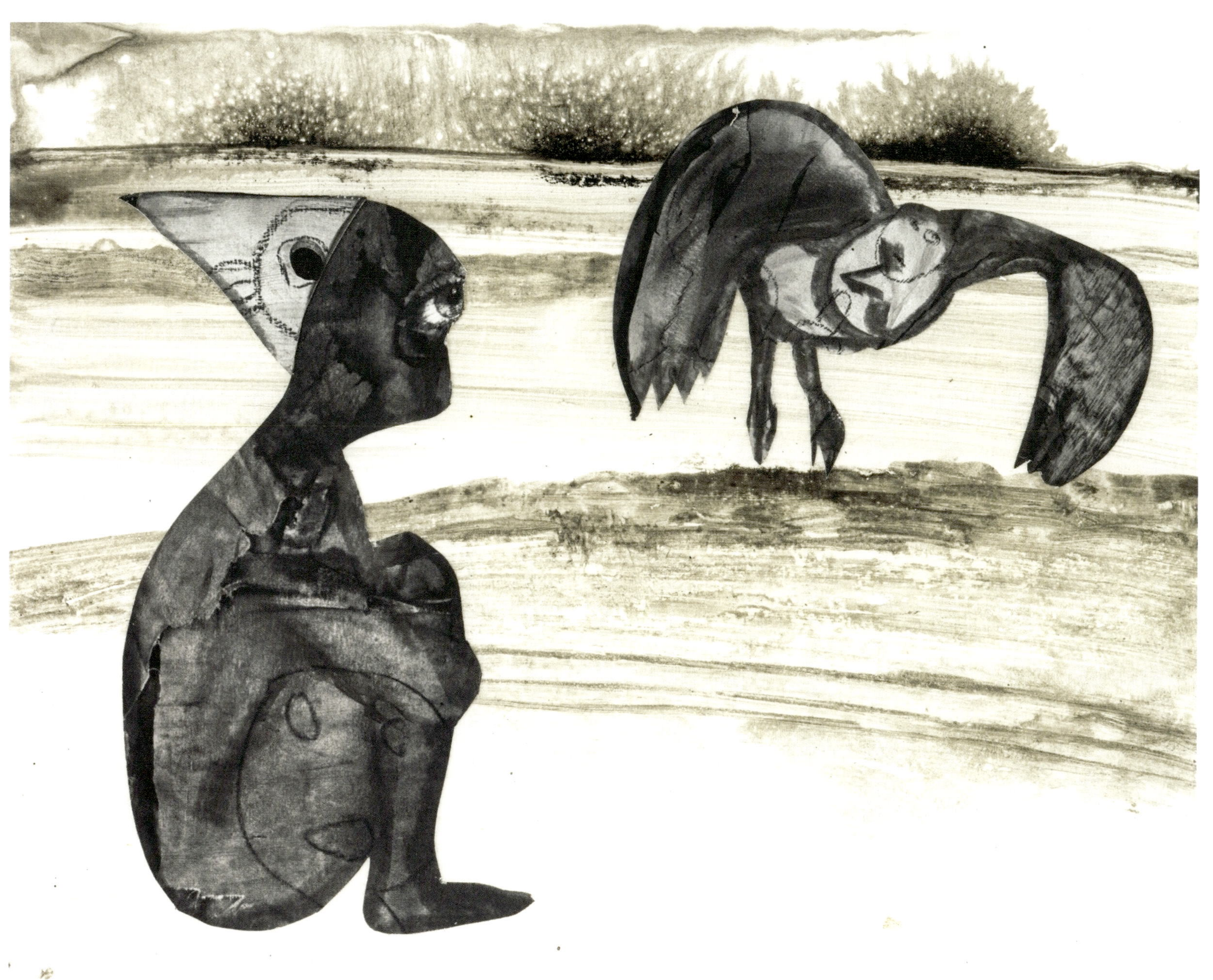

131 / Owl visiting (2016) / 33 × 25 cm

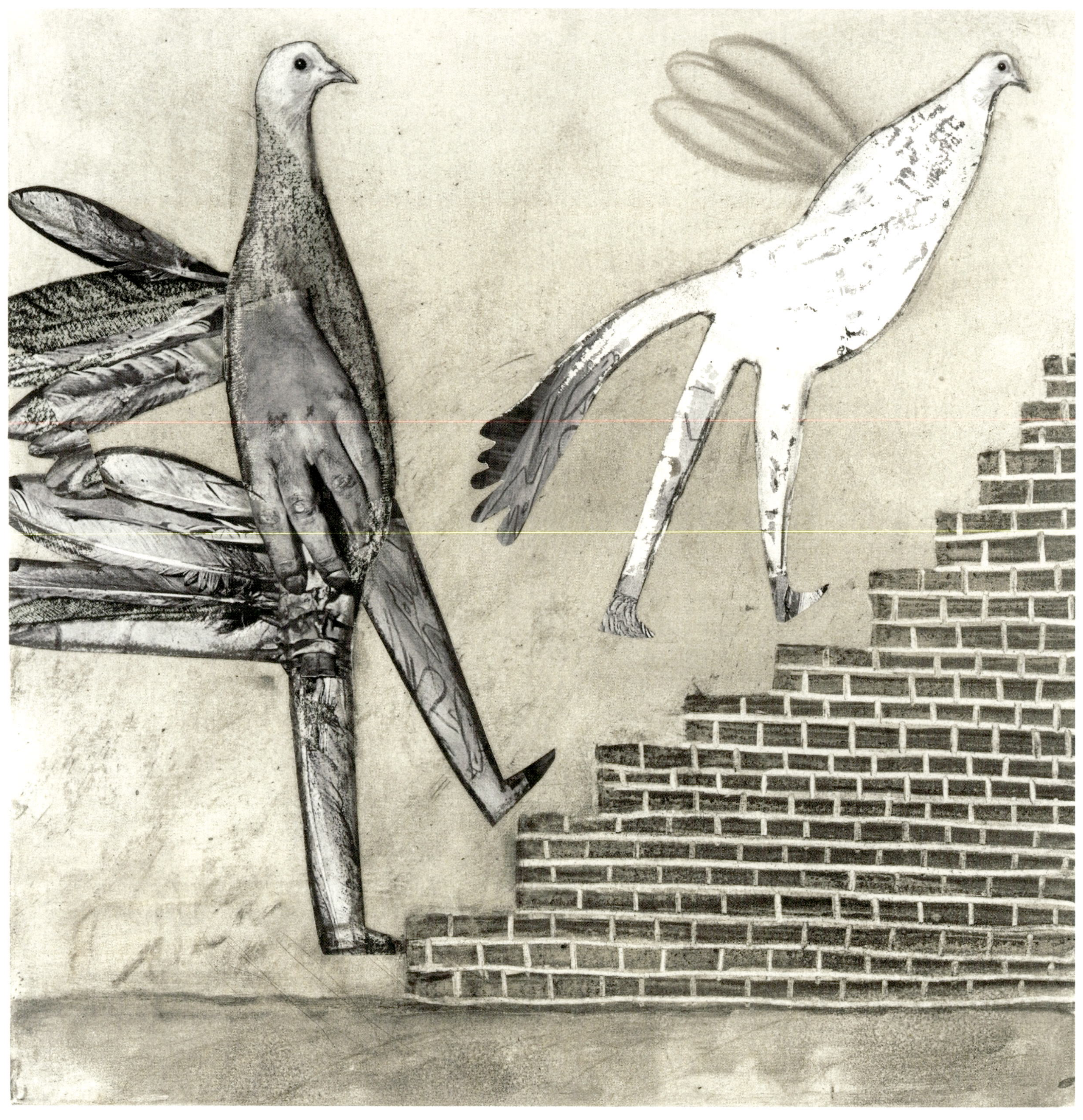

132 / Birdpeople on stairs (2016) / 44 × 44 cm

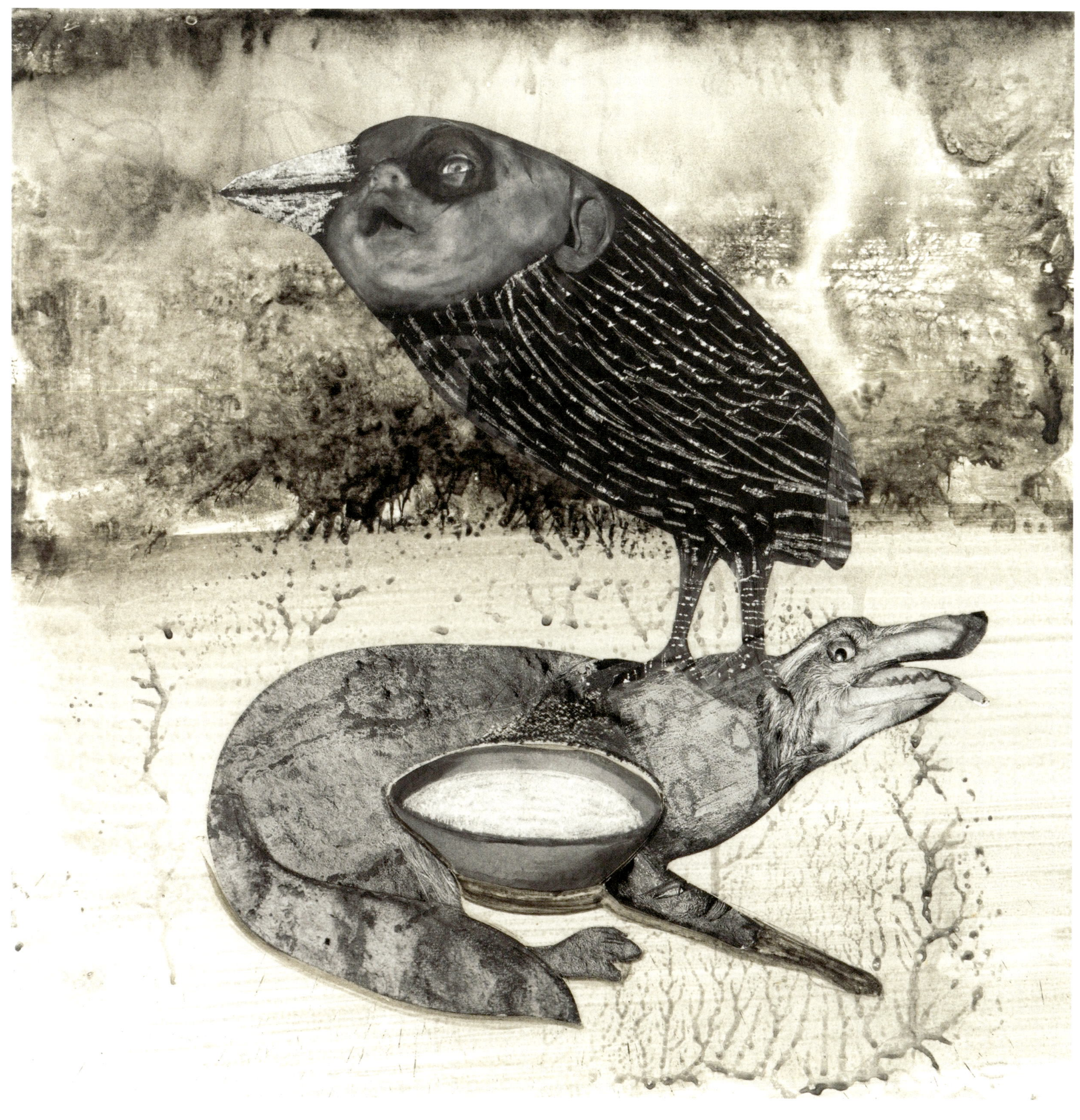

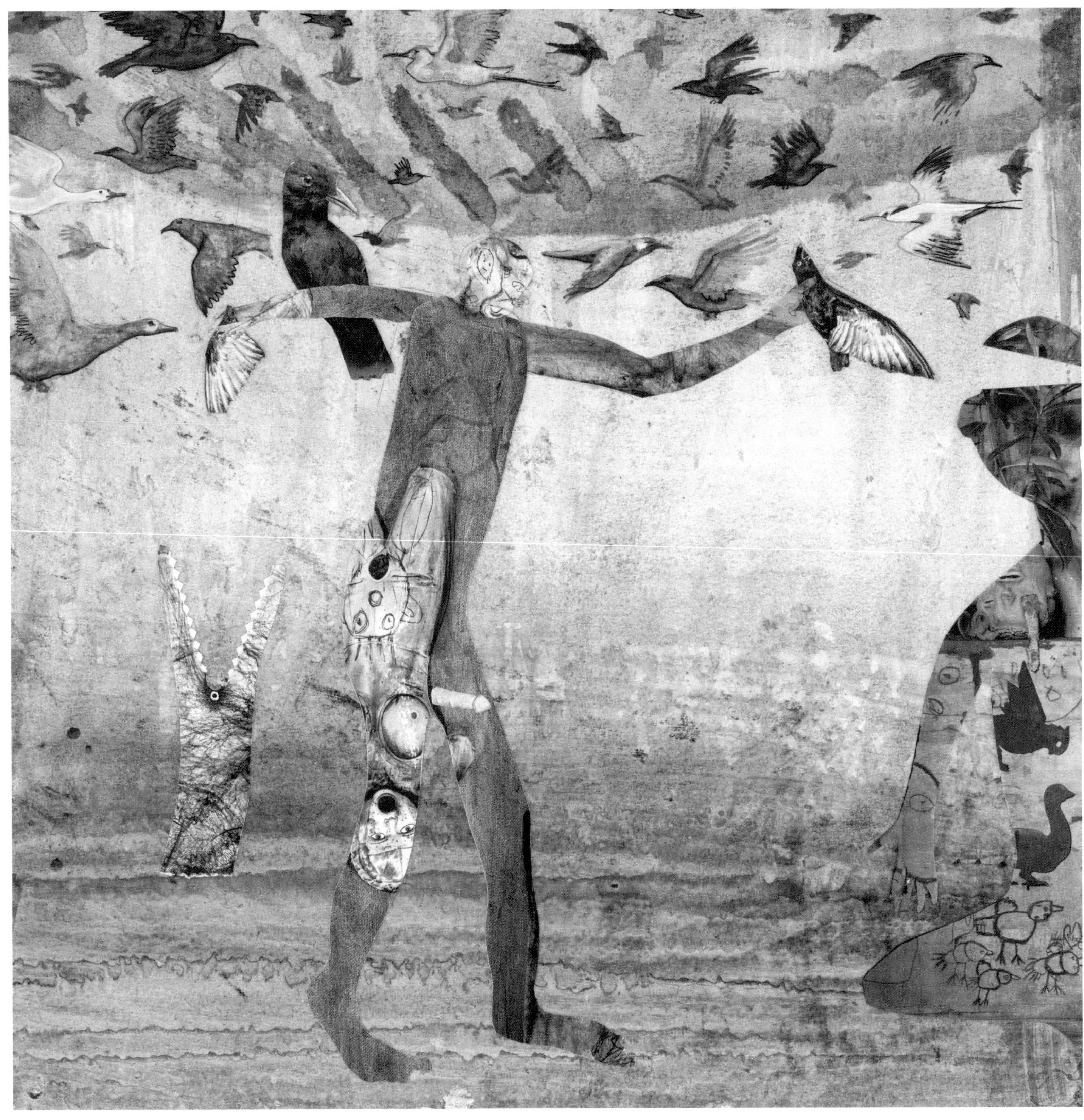

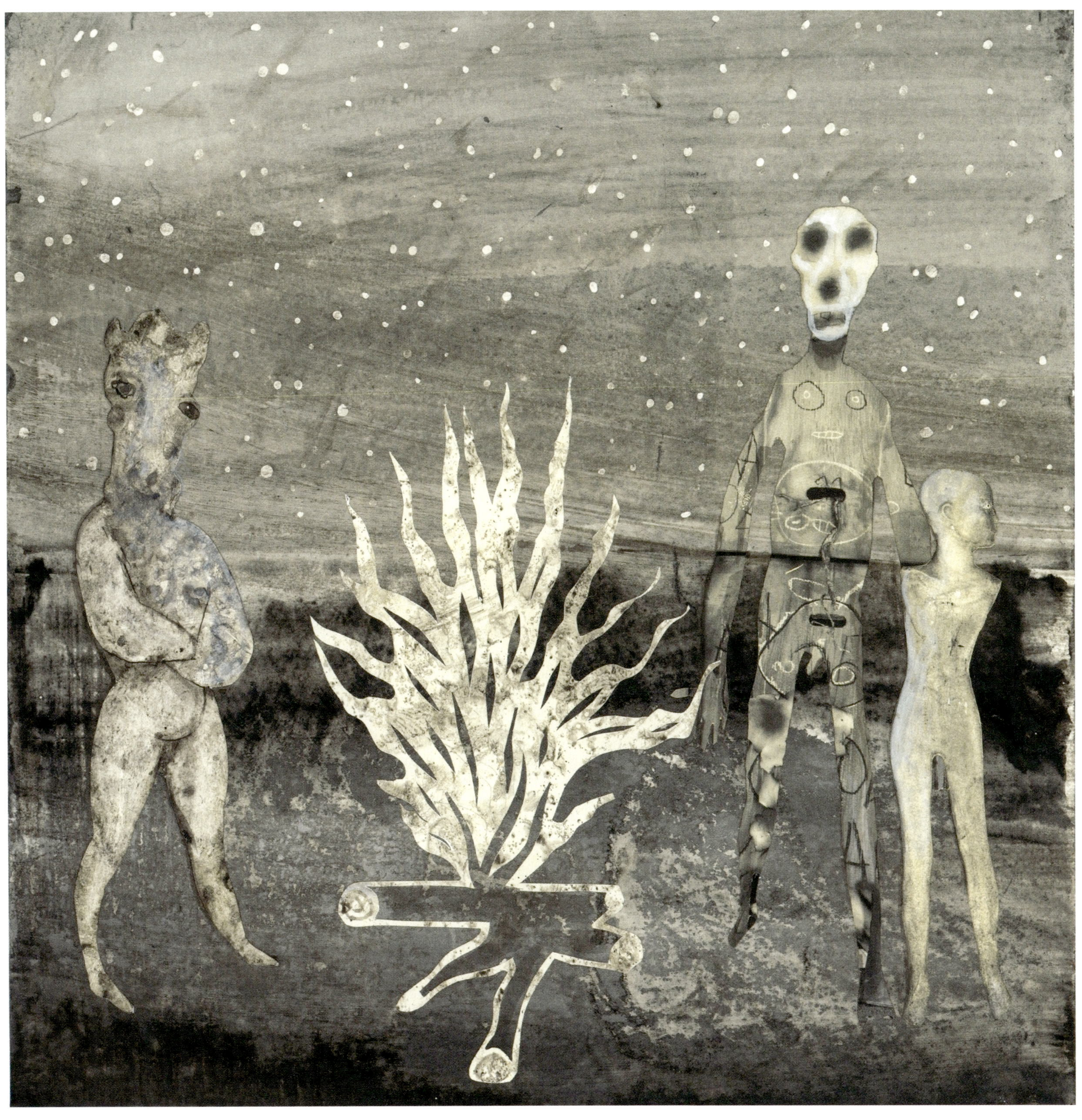

135 / Campfire (2016) / 44 × 44 cm

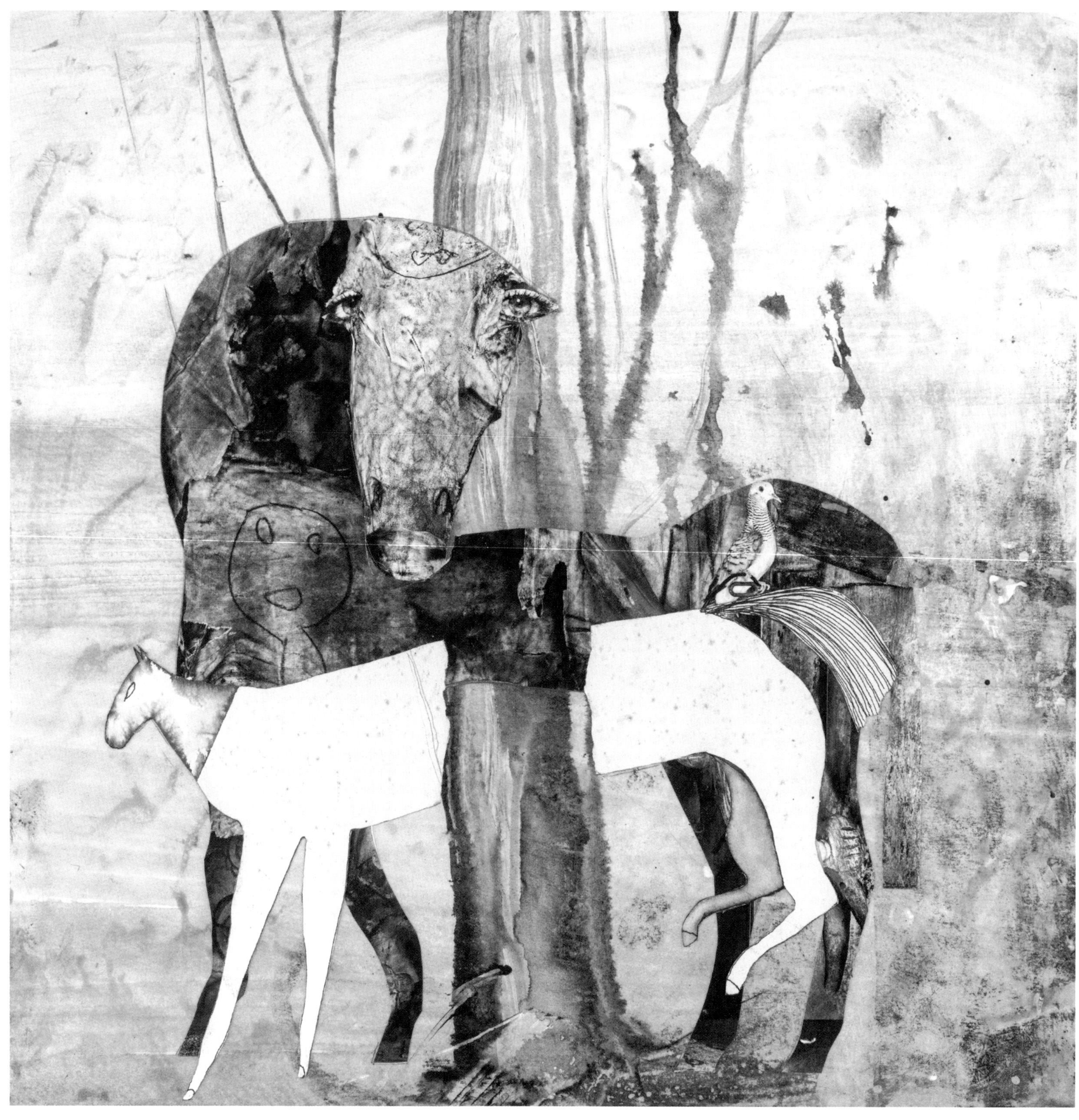

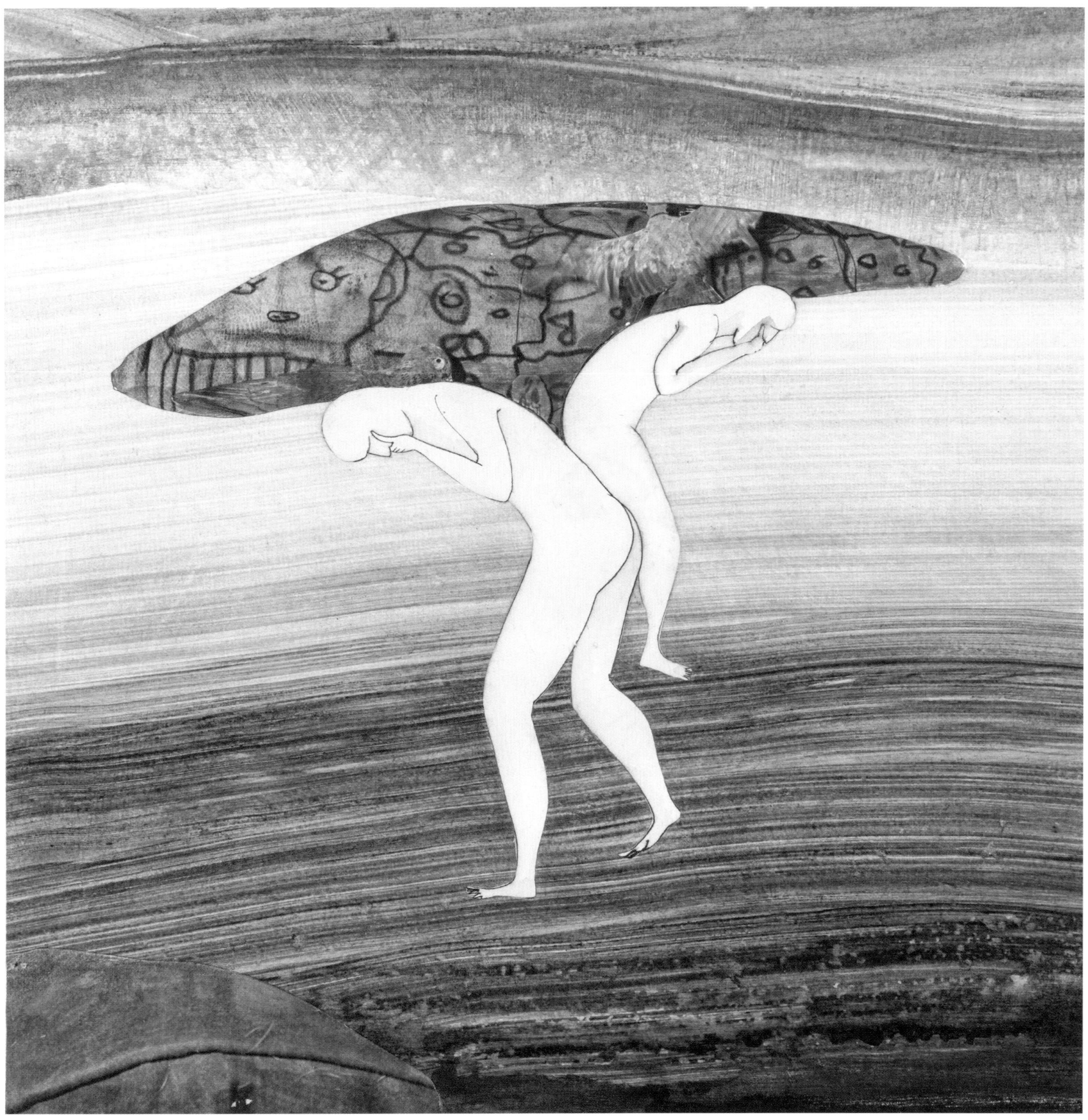

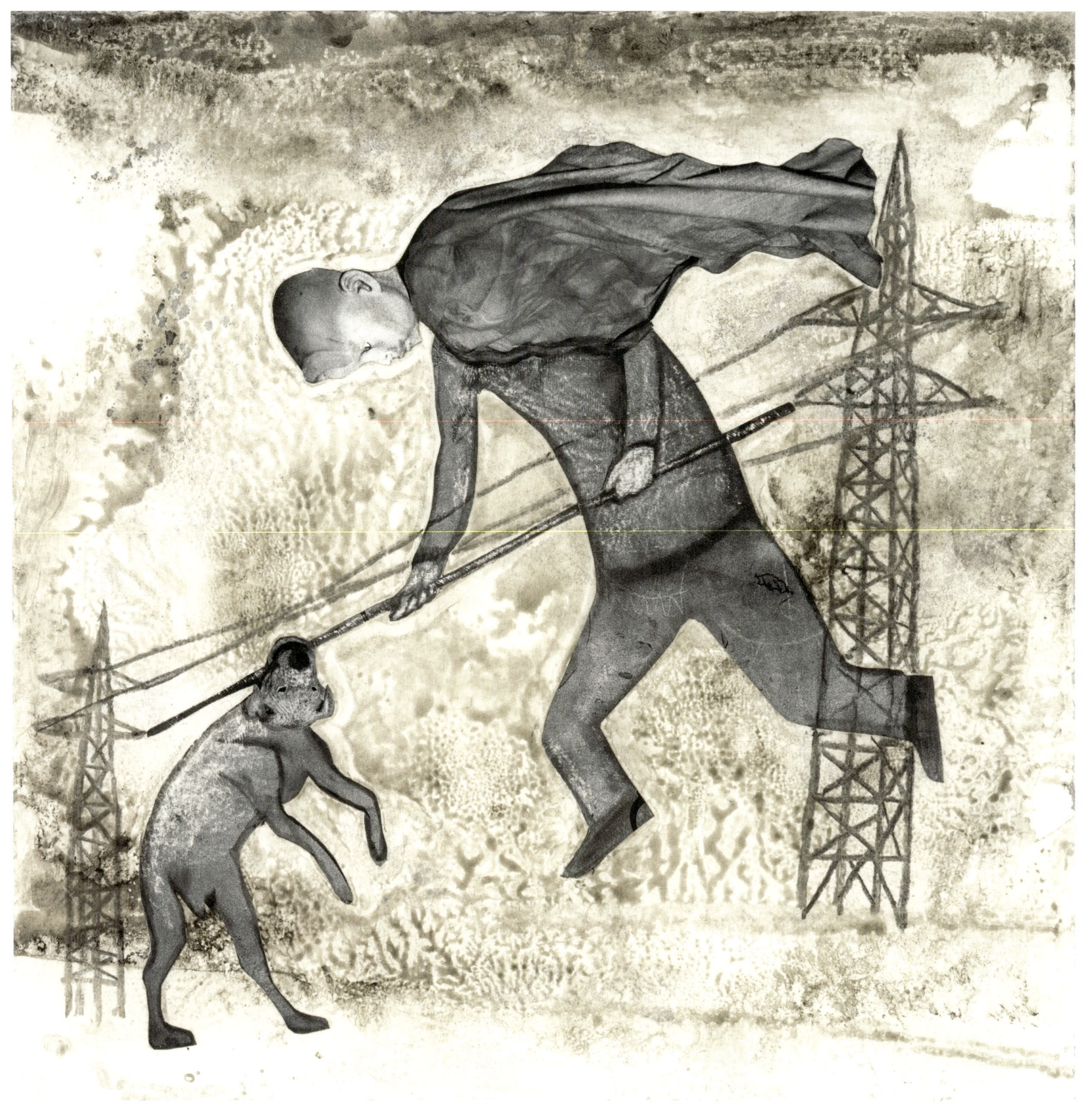

138 / Epic fight (2016) / 44 × 44 cm

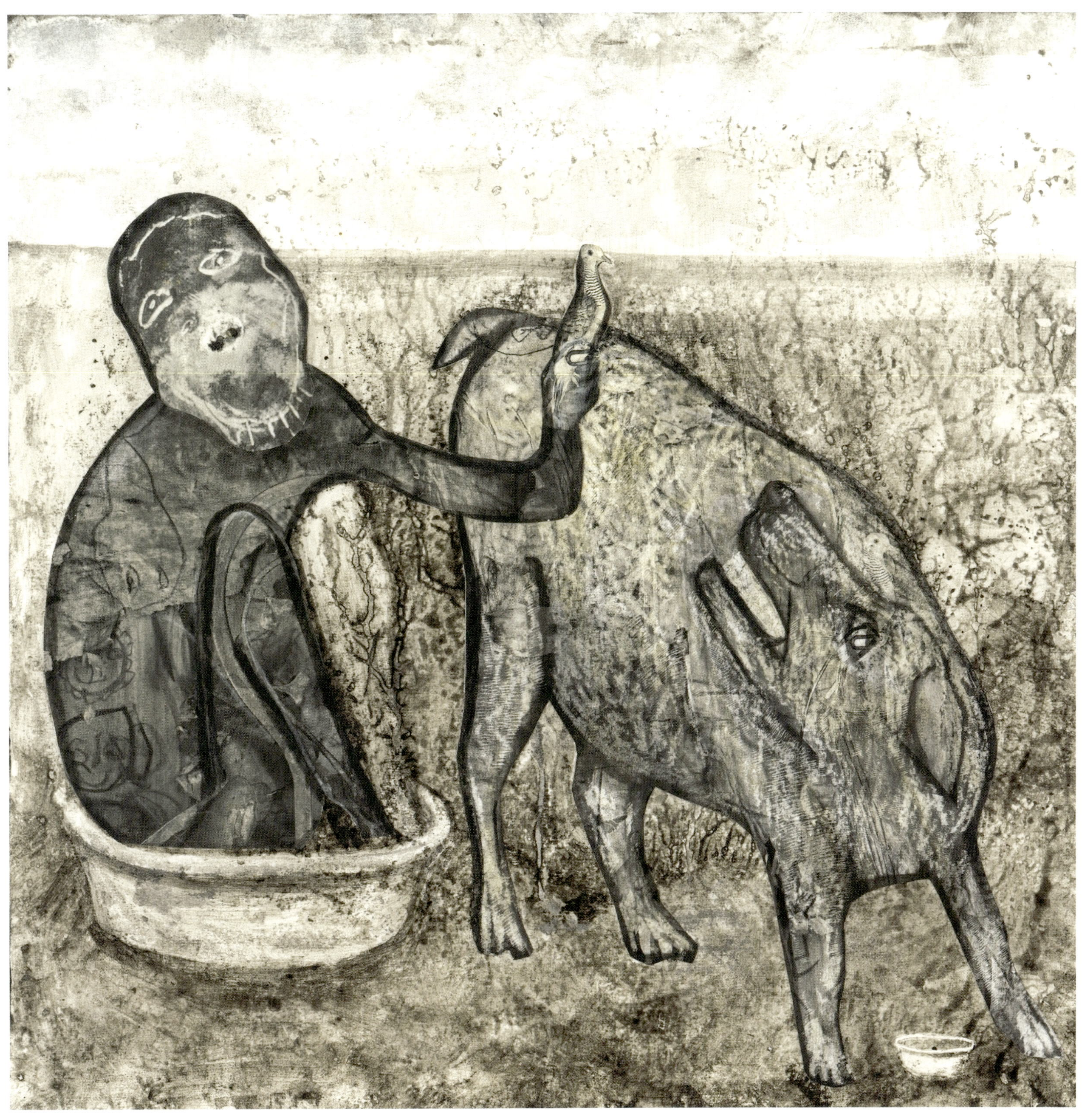

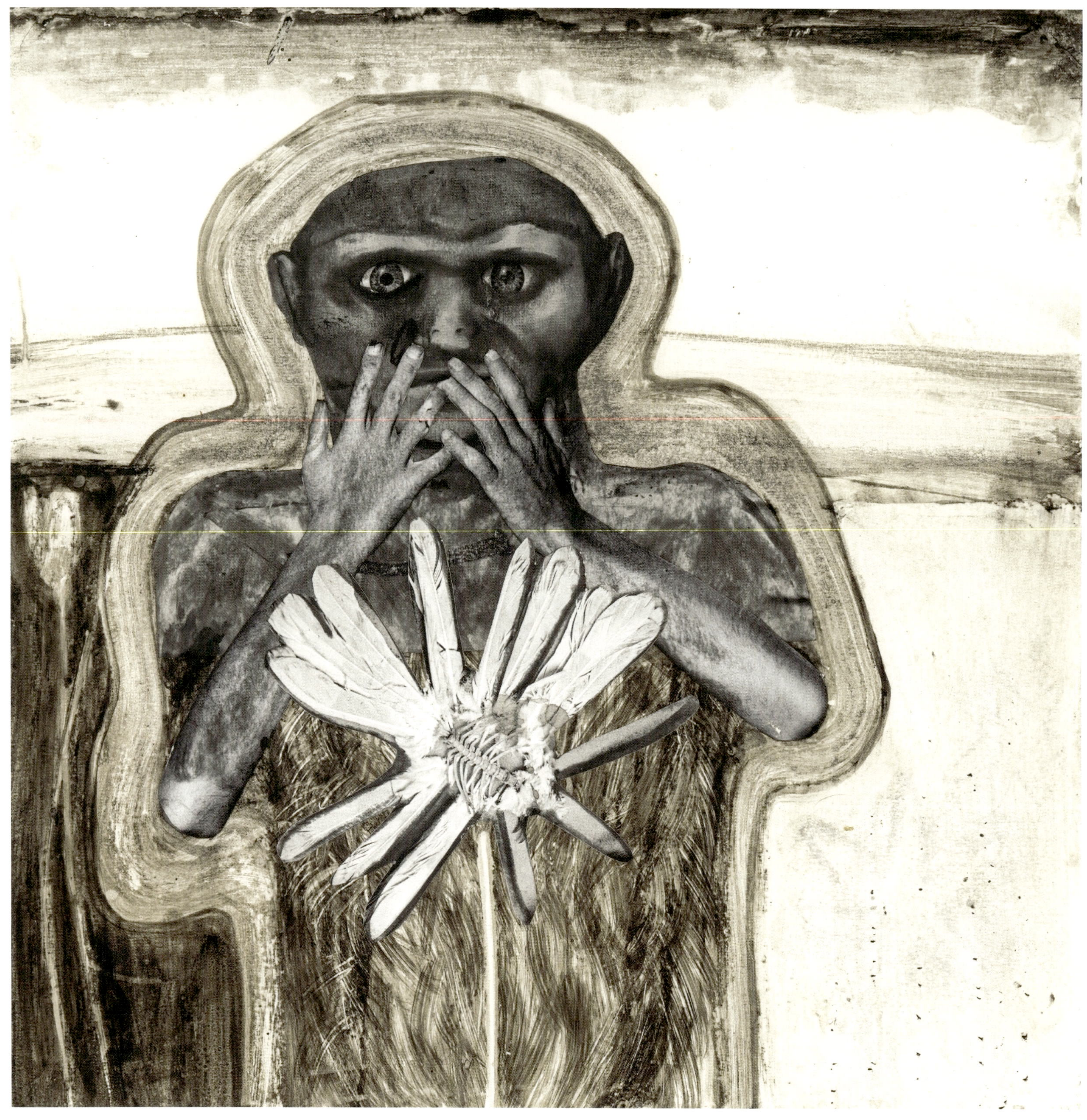

 / Flower (2016) / 44 × 44 cm

BIOGRAPHY
Born in 1950, New York
Lives and works in Johannesburg, South Africa

EDUCATION
PhD, Mineral Economics, University of Colorado
MS, Geology, University of Colorado
BA, Psychology, University of California. Berkeley

BOOKS
Roger Ballen Appearances, Disappearances, Reappearances. Published by Nazraeli Press, US, 2016
No Joke. Asger Carlsen, Roger Ballen, Morel, UK, 2016
Roger Ballen's Theatre of the Mind. Text by Colin Rhodes. STOARC, Australia, 2016
Resurrected (Toinen Tuleminen). Kerber Art/Serlachius Museot, Finland, 2015
The House Project. Text by Didi Bozzini. Oodee Books, UK, 2015
Elemental. Roger Ballen and Adam Ganz. Hotshoe, UK, 2015
The Audience. Nazraeli Press, US, 2014
Roger Ballen's Theatre of the Absurd. Pug Oslo, Norway, 2014
Outland. Phaidon, US, 2014
Asylum of the Birds. Thames and Hudson, UK, 2014
Roger Ballen and Die Antwoord, I Fink U Freeky. Random House Prestel, UK/US, 2013
Lines, Marks, and Drawings: Through the Lens of Roger Ballen. Smithsonian National Museum of African Art, Washington, DC; DelMonico Books; Prestel, US, 2013
Roger Ballen. Introduction by Dominique Eddé. Photo Poche, France, 2012
Animal Abstraction. Introduction by Wim Pijbes. Reflex, Netherlands, 2011
Roger Ballen Photographs 1969–2009. Introduction by Ulrich Pohlman. Kerber Verlag, Germany, 2010
Boarding House. Introduction by David Travis. Phaidon Press, UK, 2009
Shadow Chamber. Introduction by Robert A Sobieszek. Phaidon Press, UK, 2005
Outland. Introduction by Peter Weiermair. Phaidon Press, UK 2001
Cette Afrique lá. Introduction by Lionel Murcott. Photo Pouche series, Editions Nathan, France, 1997
Platteland, Images of a Rural South Africa. Introduction by Roger Ballen. William Waterman Publications, 1994, Quartet Books, UK, 1994; St Martins Press, US, 1996
Dorps, Small Towns of South Africa. Introduction by Roger Ballen. Clifton Publications, South Africa, 1986
Boyhood. Introduction by Roger Ballen. Chelsea House Publishers, UK-US, 1979

FILMS
Roger Ballen's Theatre of Apparitions, 2016
Roger Ballen's Theatre of the Mind, 2016
Roger Ballen's Outland. Directed by Ben Crossman and Roger Ballen, 2015
I fink you Freeky. Music Video. Die Antwoord. Directed by Roger Ballen and Ninja, 2012
Asylum of the Birds. Directed by Roger Ballen and Saskia Vredeveld. The Netherlands Film Fund, 2012
Memento Mori. Directed by Saskia Vredeveld. The Netherlands Film Fund, 2005

AWARDS
Süddeutsche Zeitung Magazin, Artist of the year, 2014 (see issue 46, 14 November 2014)
Lucie Award, Finalist for Solo Exhibition of the Year, George Eastman House, 2010
PhotoEspana 2009, Madrid Spain, Honourable Mention
Best Photographic Book of the Year for Boarding House
Art Directors Club Award Photography 2006
Top 10 Exhibition 2004, Matthew Higgs, Artforum, December 2004
Honorable Mention, UNICEF Photo of the Year 2004
Top 10 Exhibition 2002, Vince Aletti, Artforum, December 2002
Photographer of the Year 2002, Rencontres d'Arles, July 2002
Photo-eye, Best Documentary Title, Best Photography Books of 2001
Special Mention: UNICEF Photo of the Year 2001
PhotoEspana 2001, Madrid Spain, Best Photographic Book of the Year
Sani Festival, Thessaloniki Greece, Best Solo Exhibition, February 2000

MUSEUM COLLECTIONS
Centro Fotografico Manual Alvarez Bravo, Mexico
Museum of Contemporary Art, Italy
Central Academy of Fine Arts Museum, China
Art Gallery of Western Australia, Perth, Australia
The Jewish Museum, New York City, US
Pori Art Museum, Pori, Finland
Serlachius Museum, Mänttä, Finland
Berkeley Art Museum, California, US
Biblioteque Nationale, Paris, France
Birmingham Museum and Art Gallery, Alabama, US
Brooklyn Museum, New York, US
Centre Georges Pompidou, Paris, France
Durban Art Gallery, Durban, South Africa
Fotomuseum, Munich, Germany
George Eastman House, Rochester, New York, US
Haifa Museum of Art, Israel
Hasselblad, Göteborg, Sweden
High Museum of Art, Atlanta, US
Johannesburg Art Museum, South Africa
Los Angeles County Museum of Art, US
Louisiana Museum, Humlebæk, Denmark
Maison Europeene de la Photographie, Paris, France
Manchester Art Gallery, Manchester, United Kingdom
MONA Museum, Hobart, Tasmania
Musée de la Photographie á Charleroi, Belguim
Musee de l'Elysee, Lausanne, Switzerland
Museet for Fotokunst, Odense, Denmark
Museo Nazionale Della Fotografia, Brescia, Italy
Museu de Arte Moderna do Rio de Janeiro, Brazil
Museum Folkwang, Essen, Germany
Museum of Contemporary Art, San Diego, US
Museum of Fine Arts, Houston, US
Museum of Modern Art, New York, US
National Gallery, Cape Town, South Africa
National Museum of Film and Photography, Bradford, UK
Palm Springs Art Museum, California, US
Pushkin Museum, Moscow, Russia
Oliewenhuis, Bloemfontein, South Africa
Rijksmuseum, Amsterdam, Netherlands, Netherlands
Spencer Art Museum, Kansas, US
State Museum of Russia, Moscow, Russia
Stedelijk Museum, Amsterdam
Tate Britain, London, UK
Tel Aviv Museum, Israel
Victoria and Albert Museum, London, UK
Virginia Museum of Fine Arts, Virginia, US
Wadsworth Atheneum Museum of Art, Hartford, US

Born in 1959, Venlo, Netherlands

SOLO EXHIBITIONS (SELECTION)
2017 Paris, Musée de la Chasse et de la Nature, *Unleashed* (duo with Roger Ballen)
2015 Eelde (NL), Museum De Buitenplaats, *Of Beasts and Beings*
2014 Paris, Musée de la Chasse et de la Nature, *Hibernaculum*
2014 Tenerife, Instituto de Canarias Cabrera Pinto
2014 Sittard (NL), Museum het Domein, *Common Sprits*
2014 Diepenheim (NL), Drawing Center, *no reason to get excited*
2011 Las Palmas, Gran Canaria, CAAM, *Aún Terrenal* (duo with José Bedia)
2005 Tongeren (B),Gallo-Romeins Museum, *a Stone with a View*
2004 Brussels, Fondacion Européenne pour la Sculpture, *Mind the Gap*
2003 The Hague, Gemeentemuseum, *Na de Waarneming*
2003 Venlo (NL), Limburgs Museum, *Lithomania*
2002 Tongeren (B), Gallo-Romeins Museum, *Lithomania*

GROUP EXHIBITIONS (SELECTION)
2014 Maastricht Bonnefantenmuseum, *Beating around the Bush*
2011 Schiedam (NL), Stedelijk Museum, *All about Drawing*
2009 Osnabrück/Kalkriese, *Colossal*, curator Jan Hoet

COMMISSIONS FOR PERMANENT SCULPTURE
AND LAND ART PROJECTS
2016 Bilzen municipal, public space
2015 Private commission
2012–2013 Beek, municipal, public space
2010 Heerlen, municipal, public space
2009 Margraten, municipal, public space
2009 Sittard, via DSM company, institution
2009–2013 Borgloon (B), Provincie Limburg & Vlaamse Land Maatschappij
2006-2008 14 landmarks in Belgium and the Netherlands: Grensschap Albertkanaal, public space
2006-2008 Meerssen, Scholengemeenschap Stella Maris, institution
2006 Bilzen, Tongeren and Borgloon municipals, public space
2001 Someren, municipal, public space
2000–2001 Rotterdam, municipal, public space
2000–2001 Sittard municipal, public space
1998 Maastricht, Stichting Veldeke Memorial, public space
1996 Hellevoetsluis, municipal, public space
1996 Bilzen, municipal, public space

MUSEUM COLLECTIONS (SELECTION)
Gemeentemuseum, The Hague,
Centro Atlántico de Arte Moderno, Las Palmas de Gran Canaria
Museum Het Domein, Sittard
Bonnefantenmuseum, Maastricht
Museum De Buitenplaats, Eelde

PUBLICATIONS
2015 Catalogue Museum De Buitenplaats Eelde, text Patty Wageman
2011 *Hans Lemmen dibujos*, text Omar-Pascual Castillo a.o.
2011 *Hans Lemmen esculturas e installciones*, text Stijn Huijts, Javier Sánchez, Roel Arkesteijn
2011 Hans Lemmen: *Drawings*, limited edition handmade
2003 Text Jonieke van Es
2002 Text Stijn Huijts
2001 Text Hans Abelman Rotterdam

FILMS
2015 *After Observation II* with sound artist Armeno Alberts
2007 *Zinemapocalyps*

Cooperation with archeologists on several projects

ACKNOWLEDGEMENTS

Published on the occasion of the
exhibition *Roger Ballen and Hans Lemmen
Unleashed* in Musée de la Chasse et
de la Nature, Paris, France, 2017 and
in Bonnefantenmuseum Maastricht,
Netherlands, 2018

Editor / Éditeur
Jan-Philipp Fruehsorge

Texts / Textes
Jan-Philipp Fruehsorge,
Claude d'Anthenaise, Stijn Huijts

Translation / Traduction
Monique Rival, Michael Turnbull,
Jack Cox

Photography / Photographie
Marguerite Rossouw, Roger Ballen,
Hans Lemmen, Peter Cox

Project management / Gestion de projet Kerber
Martina Kupiak

Graphic design / Conception graphique
Buro Marcel van der Heyden

THANKS TO

Claude d'Anthenaise, Raphaël Abrille
and their staff for their unsurpassed
commitment to this show. Their support
and hard work were crucial to the success
of this show.

Stijn Huijts for his enthusiasm and interest
in our work.

Jan-Philipp Fruehsorge for his generous
commitment of time and his elucidating,
highly original essay on the colloboration
between Roger Ballen and Hans Lemmen.
We would like to thank him for his
enthusiasm and professionalism.

Marguerite Rossouw for her creative
input and unwaving support. Her aesthetic
vision was of major importance to this
project and is reflected throughout.

Marcel van der Heyden and Ton van
de Ven for their hard work and creative
design which is reflected in this book.

Saskia Vredeveld for her vision in creating
a cinematic link between Roger Ballen and
Hans Lemmen.

The Honorary President of the François
Sommer Foundation, Christian de
Longevialle; the President of the
Foundation, Philippe Dulac and the
Director General of the Foundation,
Yves d'Hérouville.

And to the Mondrian Foundation for their
generous assistance.

ABOUT THE AUTHOR

Jan-Philipp Fruehsorge (*1968) is a
German curator, critic, and art historian.
He has studied art history, film and theatre
studies, history, and English literature at
Freie Universität Berlin. He worked as
a freelance art critic for magazines and
newspapers before he founded Fruehsorge
contemporary drawings in 2003, a gallery
exclusively dedicated to this particular
medium. He collaborates with international
drawing collections, private and public,
and also with partners like The Drawing
Room, Center for Recent Drawing,
London, among others. After closing
his gallery in 2014, he launched a new
project, The Drawing Hub, a nonprofit
exhibition and research platform dedicated
to drawing in order to establish a network
of like-minded institutions in Europe and
the United States. He has widely published
on contemporary drawing and is a guest
lecturer in art schools in Berlin and the
United Kingdom.

PHOTO CREDITS

Johann Heinrich Füssli (1741–1825),
The Nightmare, 1790/91. Frankfurter
Goethe Museum.

Graffiti. De la série VII 'La Mort'.
Vers 1933–1956. Brassaï (dit), Halasz
Gyula (1899–1984). © Estate Brassaï –
RMN-Grand Palais. Localisation : Paris,
Centre Pompidou – Musée national d'art
moderne – Centre de création industrielle.
Photo © Centre Pompidou, MNAM-CCI,
Dist. RMN-Grand Palais / Adam Rzepka

Les Caprices I : planche 43. *'El sueño de la
razon produce monstruos'*. Goya y Lucientes
Francisco José de (1746–1828). Localisation :
Allemagne, Berlin, Kupferstichkabinett
(SMPK). Le règlement des droits de reproduction en France permet également la
diffusion à l'international. Nous contacter
au préalable pour la publicité et la communication. Photo © BPK, Berlin, Dist.
RMN-Grand Palais / Jörg P. Anders

La Mariée comme elle est. Dans : Jacques
Prévert, *Diurnes, Découpages et Photographies*,
planche 1. Picasso Pablo (dit), Ruiz Picasso
Pablo (1881–1973). © Succession Picasso
– Gestion droits d'auteur. Localisation :
Allemagne, Hanovre, Sprengel Museum
Le règlement des droits de reproduction
en France permet également la diffusion à
l'international. Nous contacter au préalable
pour la publicité et la communication.
Photo © BPK, Berlin, Dist. RMN-Grand
Palais / Michael Herling / Aline Gwose

The Deutsche Nationalbibliothek
lists this publication in the Deutsche
Nationalbibliografie; detailed bibliographic
data are available on the Internet at
http://dnb.dnb.de.

Printed and published by:
Kerber Verlag, Bielefeld
Windelsbleicher Str. 166–170
33659 Bielefeld
Germany
Tel. +49 (0) 5 21/9 50 08-10
Fax +49 (0) 5 21/9 50 08-88
info@kerberverlag.com

Kerber, US Distribution
ARTBOOK | D.A.P.
75 Broad Street, Suite 630
New York, NY 10004
Tel. +1 (212) 627-1999
Fax +1 (212) 627-9484

Kerber publications are available
in selected bookstores and museum
shops worldwide (distributed in Europe,
Asia, South and North America).

ISBN 978-3-7356-0356-2
www.kerberverlag.com

Printed in Germany

Musée de la chasse et de la nature

Bonnefantenmuseum
Maastricht

mondriaan
fund